1 MONTH OF
FREE
READING

at

www.ForgottenBooks.com

By purchasing this book you are eligible for one month membership to ForgottenBooks.com, giving you unlimited access to our entire collection of over 700,000 titles via our web site and mobile apps.

To claim your free month visit:

www.forgottenbooks.com/free649826

ISBN 978-0-483-17401-6
PIBN 10649826

PARA REIMPRIMIR ESTE CATECISMO SERÁ NECESARIA LA ANUENCIA DEL AUTOR.

Ministerio de Justicia é Instruccion Pública.—Seccion 1ª—Habiendo V. cumplido con el requisito que previene el artículo 14 de la ley sobre propiedad literaria, el Exmo. Sr. Presidente se ha servido declarar la que á V. corresponde como autor de la obra titulada: CATECISMO POLITICO CONSTITUCIONAL.

Lo comunico á V. como resultado de su solicitud relativa.
Dios, Libertad y Reforma.—Méjico, Marzo 18 de 1861.

Ramirez.

Sr. Lic. D. Nicolás Pizarro Suarez.

Ministerio de Justicia é Instruccion Pública.—Seccion de instruccion pública.

Altamente satisfecho el Exmo. Sr. Presidente interino de la excelente publicacion de V., intitulada: CATECISMO POLITICO CONSTITUCIONAL, *tan recomendable por su mérito literario, como por sus tendencias patrióticas; y considerando que la lectura y la activa propagacion de ese trabajo, serán muy convenientes para ilustrar el espíritu de la juventud de la República, familiarizándola fácilmente, con las cuestiones mas elevadas del órden social, ha tenido á bien decretar que el precitado libro quede declarado por ahora de asignatura en todos los establecimientos de instruccion, y que se tomen dos mil ejemplares por cuenta de esta Secretaría.*

Felicito á V. cordialmente por este merecido cuanto lisonjero resultado, que comunico á V. para su inteligencia y efectos correspondientes.

Dios, Libertad y Reforma. Méjico, Marzo 15 de 1861.

Ramirez.

Al Sr. Lic. D. Nicolás Pizarro.

787704

TITULO I.

INTRODUCCION.

Por la razon es el hombre superior á los animales; en ella muestra la elevacion de su orígen, la excelencia de sus facultades y el término que le espera despues de su peregrinacion sobre la tierra. La razon es el derecho durante la vida, y es, despues de la muerte, la misma inmortalidad: viene á reducirse á estas dos grandes y constantes aspiraciones de la humanidad, AMAR, SABER, que son las causas incesantes que impelen á todo individuo en busca de lo que llamamos felicidad. Para amar, necesita el hombre vivir *en sociedad* con sus semejantes; y para alimentar su espíritu con la *verdad*, le es indispensable el auxilio de otras inteligencias, que juntas con la suya disipen la ignorancia, obrando todas ellas á la manera de los rayos de luz que se concentran en el espejo ustorio para producir un intenso calor.

Así camina y procede en todas sus evoluciones la humanidad; y mientras que los individuos van desapareciendo como las hojas de un árbol, como las gotas de un rio, ella prosigue el grande objeto de su propio perfeccionamiento, renovándose por la reproduccion de la especie, y vivificándose constantemente por el Espíritu que crió todo, y que nos dió por ley fundamental la JUSTICIA.

¿Qué seria del hombre, aun el mas fuerte, si estuviese siempre sustraido de la comunicacion con sus hermanos? Por sí solo no podria discernir en toda su vida el bien del mal, sino en muy pequeña escala; desnudo, hambriento y doblegado por la ignorancia, seria inferior á muchos animales, pues todos ellos tienen en su misma organizacion y en los prodigiosos instintos de que están dotados, medios admirablemente dispuestos para defenderse y ofender, de los que careceriamos casi absolutamente, si no fuera por el estado de sociedad que ha aumentado indefinidamente nuestras pequeñas fuerzas individuales, permitiéndonos vencer y dominar las especies mas feroces, y algunos obstáculos que ofrece la misma naturaleza, como para estimular la actividad humana. De esto resulta indudablemente, que el establecimiento de la sociedad es el órden de Dios, nadie puede impedirlo, y es la base de donde deben partir las relaciones de los hombres entre sí.

La sociedad civil significa por tanto, respecto del conjunto de hombres que la componen, un esfuerzo comun que se dirige al perfeccionamiento de los pueblos, con objeto de que el mayor número posible de asociados goce en paz los bienes que tan profusamente ha derramado Dios sobre la tierra, y que para ser alcanzados no demandan de los individuos sino un poco de trabajo y virtud; es decir, actividad de las facultades del cuerpo y del espíritu, y el hábito de dirigir y aplicar las propias pasiones, de manera que los goces puedan reproducirse mientras dura la vida.

La misma sociedad civil significa respecto de cada hombre en particular, *PROPIEDAD, FAMILIA y LIBERTAD.* Estas tres aplicaciones de la sociabilidad reasumen todos los derechos y fundan todos los deberes; y por lo mismo existen, aunque no en el mismo grado de adelanto, donde quiera que se reunen los hombres. Si hay un pueblo en que la *propiedad del individuo* es objeto de ataques y continuas espoliaciones, en que la *familia* y el hogar doméstico no son respetados, y en que la *libertad civil* no se halla suficientemente garantizada, en todas sus muy vitales ramificaciones, sus habitantes deben ser muy desgraciados, porque su asociacion es muy imperfecta, y entraña desórdenes permanentes que violentan la naturaleza del hombre, haciéndole sufrir la injusticia. Por el contrario, si la pro-

piedad, la familia y la libertad se hallan rectamente esta-
blecidas; está asegurado el órden y cumplido el designio
de la Providencia, respecto de los seres racionales que
pueblan la tierra.

Nacemos con unos mismos derechos y con diferentes
aptitudes; de esto resultan la igualdad ante la ley y la
desigualdad social. Estimulados por la necesidad, ejer-
citamos nuestras facultades, y á la vez que encontramos
los verdaderos goces, establecemos con los demas hombres un cambio de mútuos servicios, que despierta en
todos el sentimiento del deber y del derecho.

El establecimiento de una autoridad á la que todos se
sujeten, y bajo cuyos auspicios trabajen por la defensa
y bienestar comunes, ha sido siempre uno de los hechos
mas importantes y decisivos en la marcha de los pueblos.
Dar á esta autoridad toda clase de facultades es un grave
peligro; pero lo es tambien el no darle las necesarias
para desempeñar cumplidamente las cargas que se le
confian. Es necesario, por lo mismo, al *constituir* tal
autoridad, detallar sus atribuciones, consignando á la vez
los derechos individuales, para que los que mandan se-
pan lo que pueden, y los asociados no ignoren lo que
deben hacer ó permitir, respecto á los encargados de los
negocios públicos: á estas prevenciones se ha dado el
nombre de leyes fundamentales, ó simplemente el de
CONSTITUCION.

El objeto de esta, como queda insinuado, no es otro
que el establecimiento de la *Justicia;* porque si bien na-

die se atreve á oponerse á ella descaradamente, sino donde el poder de la sociedad puede eludirse; falta mucho para que llegue á ser una verdad práctica en todas las transacciones, negocios y relaciones de los hombres·

Méjico, que ha sufrido como otros pueblos, pero con singular dureza, la tiranía de los extraños y el despotismo de sus propios hijos, ha luchado casi sin tregua por mas de medio siglo; primero, para conquistar su independencia, y despues por asegurar su libertad. En vano se ha proclamado esta en varias épocas, porque se han dejado vivos algunos injustificables abusos, que ahora todo el mundo conoce que nunca debieron permitirse; y por esto es llegada ya la ocasion de asegurar para siempre los verdaderos, generales é imprescriptibles derechos de todo hombre, y los del ciudadano, y de establecer la manera con que ha de regirse nuestra nacion, para que no volvamos á las desgraciadas épocas en que habia esclavos, inquisicion y rey, ó en que el gefe de algunos miles de soldados disponia á su antojo de nuestra suerte.

El imperio de la justicia y el goce de la libertad bien entendida; hé aquí los objetos primordiales que se propusieron nuestros representantes al formar la *Constitucion de* 1857.

————

P.—*¿ Qué es sociedad civil?*

R.—*Una reunion de hombres que respetan entre sí y con los demas la justicia.*

P.—¿Qué quiere decir Constitucion política?

R.—La carta en que se proclaman los derechos del hombre y del ciudadano, estableciendo las facultades de los funcionarios en quienes se deposita el poder público.

P.—¿De dónde toma fuerza la Constitucion?

R.—Del pueblo, que la hace por sí mismo ó por medio de representantes.

P.—Cuando una Constitucion tiene por base la igualdad, ¿debe hacerse cumplir, aun cuando muchos ciudadanos la contraríen?

R.—Ciertamente, porque entonces solo pueden desaprobarla los partidarios de los privilegios, y como estos pugnan con la justicia, resulta que al sostener la Constitucion haciéndola observar y respetar por todos, se defiende á la misma sociedad.

P.—Segun esto, ¿deben los ciudadanos sostener que todo lo que se contiene en una Constitucion es bueno, aunque conozcan que algunas de sus disposiciones son erróneas ó perjudiciales?

R.—De ninguna manera; pero mientras legalmente no se deroguen, la simple opinion de cualquier número de ciudadanos, por crecido que sea, en contra de alguna prevencion constitucional, no puede dispensar de su observancia á ninguna persona.

P.—¿Y qué bienes resultan del establecimiento de una Constitucion?

R.—Siempre que en ella se garantiza el libre uso de las facultades del individuo, pueden todos los que tienen algu-

na industria honesta dedicarse tranquilamente á procurar
su bienestar, seguros de la proteccion de las leyes.

SECCION I.

DE LOS DERECHOS DEL HOMBRE.

La sociedad vive del sentimiento comun y de la razon universal. No solamente *conocemos* que á nadie debe privarse de los bienes que le ha dado la Providencia, y del libre uso de sus facultades; sino que *sentimos* que se nos hiere cuando alguno de nuestros hermanos se halla bajo el peso de una injusta opresion. Verdad es que este sentimiento generoso suele amortiguarse, y que gozamos y vivimos del amor de nuestros semejantes, y del calor de la sociedad que nos abriga, sin advertir cuán grande es la parte de nuestro ser, que se interesa en este comercio, hasta que lo perdemos, del mismo modo que nos hemos acostumbrado á disfrutar la luz del sol, sin conmovernos de una profunda admiracion y reconocimiento hácia el autor de la naturaleza; pero hay no obstante un eco permanente en nuestro corazon que nos dice, que al habérsenos dado las diferentes facultades que en todo individuo reconocemos, ha sido con el objeto de que las ejercitemos á nuestro placer, mientras no perjudiquemos á la asociacion ó á cualquiera de los asociados. Este reconocimiento de los derechos naturales de todo hombre, es el principio fundamental de los partidarios de la demo_ cracia; es decir, de los defensores del pueblo.

Fácil es conocer, que el ejercicio de tales derechos trae una condicion indispensable, y es la de respetar á los demas, en lo cual consiste lo que se ha llamado *pacto social*; no porque se hayan reunido en parte alguna los hombres para discutir préviamente las condiciones de su asociacion, sino porque ésta no puede subsistir sino violentamente y por la fuerza, desde el momento en que á algunos es permitido hollar los derechos ajenos. Tambien es necesario reconocer una limitacion, y es, que algunos derechos naturales deben ponerse en ejercicio, de aquella mánera que la ley ha previsto ser mas conveniente para el provecho comun, pues que siendo el bien supremo en la tierra la perfeccion social, á tan grande objeto deben hacerse aquellos sacrificios individuales sin los que seria imposible el conseguirlo.

P.—¿*Qué se entiende por derechos del hombre?*

R.—*Las facultades naturales cuyo libre ejercicio garantiza la Constitucion.*

P.—¿*Cuáles son las garantías que en la nuestra se expresan.*

R.—*Las siguientes, que se encuentran consignadas desde el artículo 1º hasta el 11.*

1ª «Los derechos del hombre son la base y el objeto de las instituciones sociales.

2ª Ninguno nace ni se hace esclavo en la República mejicana, y por solo el hecho de pisar nuestro territorio recobra su libertad el que haya sido esclavo en otra parte, y tiene derecho á la proteccion de las leyes.

3ª La enseñanza es libre.

4ª Todo hombre puede abrazar la profesion, industria ó trabajo que le acomode siendo honesto.

5ª Nadie puede ser obligado á prestar trabajos personales sin la justa retribucion, y sin su pleno consenti- miento, el cual nunca se entiende otorgado con objeto de perder la libertad para siempre; y por esto la ley no reconoce la pepetuidad de los votos religiosos, ni aquellos convenios en que se promete tal sacrificio irrevocablemente.

6ª Cualquiera persona puede manifestar libremente sus ideas sin que se le moleste por la autoridad, excepto el caso de que ataque la moral ó el órden público.

7ª Todos pueden escribir y publicar sus escritos sobre cualquiera materia, y al imprimirlos no tienen otra obligacion que la de respetar los secretos de la vida privada, la moral y la paz pública.

8ª Todos los habitantes de la nacion pueden pedir por escrito á las autoridades lo que juzguen conveniente, con tal que no sea sobre materias políticas, pues este derecho se reserva á los ciudadanos, y las autoridades tienen obligacion de dar una resolucion, haciéndola saber al interesado.

9ª No puede impedirse el que se asocien ó se reunan

14

pacíficamente los habitantes de la nacion, á no ser que
estén armados, que sea para tomar parte en los asuntos
políticos, ó que el objeto de la reunion sea en sí mismo
ilícito.

10ª Cualquier habitante de la República puede por-
tar para su defensa aquellas armas que no estuvieren
prohibidas por la ley.

11ª Todo hombre tiene derecho para entrar y salir de la República, viajar por su territorio y mudar de
residencia sin necesidad de carta de seguridad, pasapor-
te, salvo conducto ú otro requisito semejante, sin que
esto de ninguna manera impida que los jueces y las autoridades políticas usen de sus legítimas facultades en
los casos de responsabilidad civil ó criminal de cualquier
individuo.»

SECCION II.

EXPLICACION DE LOS DERECHOS INDIVIDUALES.

El dominio del hombre sobre otro hombre, tan opues-
to á la naturaleza, nunca podría ser mas lato que el que
se ejerce sobre los animales; y así como éstos recobran
su libertad primitiva, luego que logran ponerse fuera del
alcance de su dueño, los que son esclavos en otra parte
dejan tan humillante condicion, luego que llegan á una
tierra libre como la nuestra.

Pero de nada serviria esta libertad para los que se refugian en nuestra patria, y aun para nosotros mismos, si no pudiésemos ejercer el oficio ó la profesion que mas nos convenga, si se nos pudiese obligar á trabajar sin retribucion, y lo que es todavía peor, si la manifestacion de nuestras ideas pudiese considerarse como delito, y se nos pusiese en la precision de mentirles á nuestros hijos y de engañarnos á nosotros mismos, enseñándoles por verdadero lo que creyésemos ser falso ó dudoso.

Ha sido por tanto indispensable, que nuestra carta fundamental al reconocer la libertad de pensar, asegurase la libertad de la enseñanza y la de la prensa, pues de otra manera, se cometeria la inconsecuencia de reconocer el derecho en teoría y negarlo en la práctica.

La proteccion de la ley no sería eficaz, si el acceso á las autoridades fuese difícil, y si á estas no se les impusiese la obligacion de dictar una resolucion, sobre lo que se solicita por escrito, á fin de que el temor de la responsabilidad las estreche á obrar en justicia; tal es el alto objeto del derecho de *Peticion*.

Podria parecer innecesario consignar el de *Asociacion*, supuesto que el fundamento de todos consiste en el hecho de hallarnos reunidos en sociedad; pero aquí se entiende por asociacion el acto de reunirse algunos en particular para alguna empresa en que no se dañen los intereses públicos, y como la experiencia ha demostrado ya que el interés individual descubre muchos caminos de bienestar, la Constitucion permite á los habitantes de la República que hagan cuantas combinaciones juzguen convenientes para lograrlo, dejando al cuidado de las leyes secundarias establecer las precauciones que el trascurso del tiempo indique como necesarias.

Hay otro derecho que merece una mencion particular, y es el de *armarse*. Despues de reconocer que la defensa es un derecho que no se pierde nunca, armarse para que la defensa sea eficaz es una consecuencia indeclinable. No negamos que puede haber exceso en la defensa, y abuso en la portacion de aquellas armas que la ley prohibe, porque dan lugar á la traicion y alevosía; pero ningun abuso particular puede quitar un derecho general por su naturaleza imprescriptible.

Finalmente, la perpetuidad de los votos hechos por causa de religion, en todo lo que se refiera á la pérdida irrevocable de la libertad, no queda autorizada por la ley.

Esto quiere decir únicamente, que mientras un individuo quiera sufrir las privaciones de la vida eremítica, ó le convenga practicar los preceptos que á sí mismo se impone el que abraza la carrera eclesiástica, cumplirá de buena voluntad sus votos cualesquiera que sean, sin que se lo estorbe ninguno; pero luego que desee separarse de ellos, no prestará la sociedad su fuerza física para obligarle á vivir bajo la dependencia de personas que ya repugna obedecer, y que le estrechan al cumplimiento de deberes que él mismo se impuso, buscando la suma perfeccion, que es absolutamente imposible encontrar, si al efecto de practicarla se requiere violencia ó coaccion sobre el individuo.

———————

P.—¿Qué consecuencia se deriva de la libre enseñanza garantizada en la Constitucion?

R.—La tolerancia religiosa y política.

P.—¿Qué quiere decir tolerancia?

R.—El respeto con que debemos considerar las opiniones y las acciones de los demas hombres, en todo lo que no vulneren nuestros derechos.

P.—¿Y qué se logra con la tolerancia?

R.—La verdadera libertad.

P.—¿Y no se oponen la religion y la tolerancia?

R.—De ningun modo, porque desde el momento en que el sentimiento religioso puede manifestarse sin temor, la creencia es mas pura, pues no es el resultado de la opresion; y respetando las creencias de los otros, estamos seguros de que las nuestras serán igualmente respetadas.

P.—¿Pues no se nos enseñaba antes, que debiamos tratar como á enemigos á los que seguian diferente religion de la nuestra?

R.—Era olvidando sin duda que el Salvador nos dice por San Marcos: (1) «Todo el que no está contra vosotros está por vosotros,» así como el supremo mandato que nos

(1) Cap. 9, v. 39.

dejó, momentos ántes de que comenzára su pasion, encargando que nos amásemos mútuamente; siendo por esto injustificable y contradictorio el perseguir á nadie á título de celo por la doctrina cristiana, que es toda de caridad y paz.

P.—¿Y es cierto que en Roma está admitida y se practica la tolerancia religiosa?

R.—Sí; en Roma existen varias sinagogas y templos protestantes, y viven pacíficamente millares de extrangeros que no son católicos.

P.—¿Supuesto que nadie está obligado á prestar trabajos personales, sin justa retribucion y sin su pleno consentimiento, no deben ser sentenciados los malhechores á trabajos forzados?

R.—Sí deben serlo, porque no están abolidas por la Constitucion, sino al contrário, sostenidas y mandadas, las penas á que se hacen acreedores los que cometen algun delito; del mismo modo que no obstante ser inviolable el derecho de propiedad, se imponen multas en los casos que la ley determina.

P.—¿Y es cierto que los matrimonios han de ser en lo sucesivo temporales, porque la ley no ha de autorizar la pérdida irrevocable de la libertad?

R.—Conforme á la Constitucion, la ley no puede autorizar ningun contrato que tenga por objeto la pérdida ó el irrevocable sacrificio de la libertad del hombre, ya sea por causa de trabajo, de educacion, ó de voto religioso; mas como ni el trabajo, ni la educacion, ni el voto religioso son el matrimonio, resulta que éste continuará como antes ha estado, es decir, indisoluble mientras viven los cónyuges.

P.—¿Y se ha mandado observar esta base principal del matrimonio, en la ley que previene se verifique ante la autoridad civil?

R.—Ciertamente, y en ella se comprenden los mas sanos, puros y severos principios de la moral, en órden á esta respetable institucion.

—Enumeradme estos principios.

R.—1º El matrimonio civil no puede celebrarse mas que por un solo hombre con una sola mujer.

2º Es indisoluble, es decir, que mientras vive la mujer casada no puede casarse con otra el marido, y recíprocamente, la mujer no puede tomar otro marido viviendo el suyo.

3º Son libres los que se unen civilmente para presentarse al sacerdote de su culto, á fin de que bendiga su union cumpliendo con los ritos de la religion que profesen.

4º El divorcio es temporal, y en ningun caso deja hábiles á los cónyuges para contraer nuevo matrimonio viviendo entrambos.

5º La mujer puede acusar al marido por adulterio, lo cual no permitian las leyes antiguas, de lo que resulta que la de matrimonio civil les excede en moralidad.

P.—¿Y en qué pena incurren los que se casan sin presentarse al registro civil, siguiendo obstinadamente las antiguas costumbres?

R.—Incurren en la pena de no considerárseles enlazados

legitimamente, los hijos carecerán de derechos civiles respecto de sus padres, y éstos no tendrán patria potestad.

P.—¿Cómo debe entenderse la prohibicion constitucional sobre que la ley no autoriza la pérdida irrevocable de libertad por causa de trabajo?

R.—Que cuando se hiciere un contrato, por el que un individuo obliga á otro su industria ó trabajo perpetua ó indefinidamente, de manera que no pueda separarse, tal convencion es nula.

P.—¿Y cuando es por causa de educacion?

R.—Que son insubsistentes los pactos que suelen intervenir entre el preceptor ó maestro, y el discípulo ó aprendiz de un arte ú oficio, en los que no se especifique el tiempo de su duracion y las obligaciones que respectivamente se impongan.

P.—¿Y en cuanto al voto religioso?

R.—Como la ley civil solo tiene que considerar á los habitantes de un país, en general como hombres ó como ciudadanos, solo puede estrecharlos al cumplimiento de los deberes que les resultan por tales calidades, sin mezclarse en que cumplan ó dejen de cumplir los votos religiosos, que son promesas hechas á Dios por el hombre, de las que no le resultan á éste obligaciones ni derechos especiales para con la sociedad.

P.—¿Y por qué se han mandado suprimir las órdenes de eclesiásticos regulares?

R.—Porque lejos de servir en provecho de la sociedad y mejora de la religion, eran motivo de escándalo y de corrupcion.

P.—¿Pues no hacian votos de pobreza, castidad y obediencia?

R.—Prometian ser pobres y eran ricos, ó pugnaban por serlo, no eran castos, y en lugar de obedecer á los magistrados han sido rebeldes.

P.—¿Por qué se dá tanta importancia al uso de la imprenta, al grado de consignar en la Constitucion la justa libertad con que debe ejercerse?

R.—Proviene de que en ella tiene la civilizacion el agente mas eficaz para su propagacion, y la libertad el guardian mas celoso.

P.—¿Debe por esto dejarse absolutamente libre el uso de la imprenta?

R.—No, porque es una poderosa palanca, que así como procura bienes de consideracion dirigida con rectas intenciones, causa males inmensos en manos de personas á quienes impulsan pasiones innobles.

SECCION III.

CONTINUACION DE LOS DERECHOS DEL HOMBRE.

La dependencia de una nacion respecto de otra, especialmente cuando proviene de guerras desgraciadas, há hecho siempre que se degrade ante el mundo la nacion protegida ó subyugada, y que se mire con desprecio á sus naturales, juzgándolos inferiores respecto de los demas hombres. El orgullo no tarda en extraviar á los vencedores hasta el punto de que se creen raza superior, privilegiada y esencialmente distinta, á la vez que los vencidos confunden su abyeccion con la esclavitud. Cuando el tiempo viene á restablecer las leyes de la naturaleza en un pueblo conquistado, fundiendo en una misma raza á los vencedores y á los vencidos, queda siempre la huella de que hablamos, llamándose generalmente nobles á los hijos de los conquistadores, y plebeyos, es decir, gente baja y comun á los conquistados, y á los que por efecto de otras circunstancias vienen á nivelarse en situacion social con los últimos. En una República, es decir, donde gobierna la mayoría de ciudadanos, las distinciones por razon de orígen entre ellos es un contraprincipio, y por lo mismo, la abolicion de todo título de nobleza de que habla el artículo 12 de la Constitucion, no es mas que el reconocimiento de la igualdad ante la ley.

Por esto se estableció en el mismo artículo, que «solo el pueblo legítimamente representado pueda decretar recompensas en honor de los que hayan prestado ó prestaren servicios eminentes á la patria ó á la humanidad.» Igual fundamento tiene la abolicion decretada en el artículo 13 de los llamados fueros eclesiástico y militar, que antes existian en asuntos que no son eclesiásticos ni militares, supuesto que la ley es una para toda clase de ciudadanos, y que si alguna excepcion puede hacerse acerca de este principio fundamental, será la de que los militares, en lo que tengan estricta conexion con la disciplina de su institucion, sean corregidos por sus superiores. Como los asuntos espirituales no son objeto de la Constitucion, no hubo necesidad de advertir que quien debe corregir al clérigo por faltas de su oficio es su inmediato superior; pero en caso de que se interese por tales faltas el decoro de los magistrados, el bienestar de la sociedad ó de algun ciudadano en particular, la autoridad pública debe intervenir eficazmente para que el exceso se corrija. Los fueros no han sido únicamente excepciones hechas á favor de ciertas clases privilegiadas para no ser juzgadas como el comun del pueblo, y á fin de no contribuir como éste para la hacienda pública y la guerra, han pasado muy frecuentemente del privilégio personal al derecho de imponer ó exigir emolumentos, verdaderas contribuciones, bajo títulos injustos, porque no han sido la compensacion de un verdadero servicio. La Constitucion ha fijado por tanto en el mismo artículo 13 como regla invariable, qué para que alguna persona pueda gozar emolumentos deben fijarse estos en la ley.

Natural ha sido tambien consignar otras prevenciones (artículos 14 y 16), que eviten determinados abusos inventados por la tiranía, ó simplemente consentidos en virtud de una viciosa corruptela, que ha atribuido á las autoridades facultades que no pueden tener; por cuya razon no se podrá expedir ninguna ley retroactiva, y nadie podrá ser juzgado ni sentenciado sino por leyes dadas con anterioridad al hecho, y exactamente aplicadas á él, por el tribunal que préviamente haya establecido, la ley:» quedan asimismo prohibidos los cateos y los demas actos que se dirijan contra la persona, su domicilio ó sus propiedades, pues todos estos sagrados objetos se hallan bajo la salvaguardia de las leyes, y no pueden ser violentados sino en los casos señalados por las mismas, y por las causas que detallen, interviniendo al efecto funcionarios á quienes se les confiera expresamente tales facultades, excepto el caso de delito *in fraganti*, en que cualquiera persona puede aprehender al delincuente, poniéndolo inmediatamente á disposicion de la autoridad mas cercana al lugar del delito.

Las naciones acostumbran ajustar tratados con varios objetos, y entre aquellos suele contarse el que llaman de extradicion, en el cual se expecifica qué clase de criminales serán entregados luego que la justicia de su país los reclame. Como lo que se llama delito puramente político, viene á ser en el caso mas desfavorable, error de opinion, y frecuentemente va acompañado de la noble consagracion que un individuo hace de sus bienes, de su vida y hasta de su familia, promoviendo el cambio de leyes políticas de su patria ó sosteniendo las existentes; es un principio ya reconocido por las naciones cultas, que nunca deben entregarse los reos de esta clase, cualquiera que sea la potencia que los reclame, y tal principio debia encontrarse, como efectivamente se encuentra, entre nuestras prevenciones constitucionales.

Los esclavos, á quienes la mas atroz injusticia excluye de la proteccion social, encontrarán tambien entre nosotros acogida, sin que para volverlos á la vida de abyeccion y sufrimiento á que se les reduce en otras partes, baste que sean reclamados con el pretexto de que han cometido delitos, supuesto que estos desgraciados han sido ya víctimas del mayor crímen que puede imaginarse, pues se les ha arrebatado su libertad y se les ha reducido á la clase de animales; no deben, por lo mismo, quejarse sus verdugos, si tienen que sufrir las naturales consecuencias de su barbarie. Tales son las incontrovertibles razones del artículo 15 de la Constitucion, que dice: «Nunca se celebrarán tratados para la «extradicion de reos políticos, ni para la de aquellos «delincuentes del órden comun que hayan tenido en el «país en donde cometieron el délito la condicion de es- «clavos, ni convenios ó tratados en virtud de los que se «alteren las garantías y derechos que esta Constitucion «otorga al hombre y al ciudadano.»

No solo en los países dominados por la tiranía, sino aun en los que se han creido mas libres, como las democracias antiguas, el respeto por la persona de cada ciudadano ha sido menos verdadero que al presente. Los usureros han sido unos señores implacables de los desgraciados que no podian satisfacer sus deudas, y frecuentemente se vió á estos perecer en las cárceles cargados de cadenas, ó en los duros trabajos de la esclavitud. Los bienes todos de la tierra no valen la vida de un hombre; y aunque generalmente no se aprecia toda su dignidad y elevacion, porque hay muchos á quienes abate la desgracia, la miseria y la ignorancia; y aunque todavía se experimentan grandes injusticias que tiene que devorar en silencio el pobre; pueden proclamarse como principios humanitarios los que contiene el artículo 17 de nuestro código fundamental, en el que se manda: que la prision por deudas meramente civiles ya no tenga lugar entre nosotros, y que nadie pueda ejercer violencia para reclamar su derecho, pues toca únicamente á los tribunales administrar la justicia, la cual no será ya difícil para los desvalidos, como lo ha sido hasta aquí por el pago de las llamadas costas judiciales, sino gratuita, para que todo el mundo pueda obtenerla fácilmente.

La detencion que precautorianente es necesaria muchas veces durante el juicio criminal, solo será legítima cuando se trate de un delito que tenga señalada pena corporal; de lo que resulta, (artículo 18): que en cualquier estado del proceso en que se evidencie que no debe imponerse tal pena corporal, deberá pedirse y decretarse la libertad bajo de fianza, sin que en ningun caso pueda prolongarse la prision ó detencion por falta de pago de honorarios, ó de cualquiera otra ministracion de dinero.

Serian inútiles todas estas prevenciones, si pudiese encarselarse á un hombre indefinidamente, diciéndole despues de mucho tiempo, que no habia mérito para molestarle.

A fin de evitar un abuso tan lamentable, que por desgracia ha sido frecuente en todas partes, la Constitucion ha prevenido en el artículo 19, que la simple detencion decretada por la autoridad no puede exceder de tres dias, y que por solo el hecho de dejar pasar este término sin pronunciar el auto de bien preso, es decir, la órden en que se motive la prision formal, incurre en grave responsabilidad.

El lugar en que son detenidos los acusados, que tan triste inpresion produce ahora, porque ofrece á la vista una multitud hacinada de delincuentes, entre quienes tienen que mezclarse los simplemente detenidos, participando del aspecto repugnante que trae la miseria y los crímenes, no debe ser en lo sucesivo la habitacion en que precautoriamente se hallen aquellos que van á responder á la justicia humana de los delitos que se les imputa, y que no han sido probados. Tanto á los simplemente detenidos como á los verdaderos criminales, no debe hacérceles sufrir otras molestias que las que la ley juzgue indispensables, y por lo mismo, todo maltratamiento innecesario que se les infiera, toda contribucion ó gabela que se les imponga, son abusos que para siempre deben abolirse, conforme al texto expreso del artículo que acabamos de citar.

_____

P.—¿Por qué están prohibidos entre nosotros los títulos de nobleza y los honores hereditarios?

R.—Porque las distinciones en favor de persona determinada son excepciones del derecho común, y el nacimiento no es por sí solo capaz de dar la aptitud y merecimientos indispensables para que tal excepcion se conceda.

P.—¿Que quiere decir leyes privativas?

R.—Aquellas disposiciones del legislador que no se aplican á los ciudadanos en general, ni á una clase de ellos, sino á individuos en lo particular.

P.—¿Por qué se manda en la Constitucion que nadie pueda ser juzgado por leyes privativas?

R.—Porque si alguno fuese juzgado por tales leyes, estaba ya dictada la sentencia con el hecho de darlas.

P.—Y por qué se previene que no haya tribunales especiales?

R.—Porque los tribunales especiales son los que se nombran para conocer de señalado delito, cometido por personas determinadas, y hay poca ó ninguna garantía de que tales juicios, que son verdaderas comisiones para juzgar, puedan ser fallados en justicia.

P.—¿Qué se entiende por fuero?

R.—El privilegio concedido por la autoridad civil, para que alguna persona ó corporacion no pueda ser traida á juicio ante los magistrados comunes, sino ante sus propios compañeros de corporacion, ó ante tribunales especialmente establecidos.

P.—¿Quién puede quitar el fuero?

R.—El que lo dá, es decir, la autoridad civil.

P.—¿Y cómo se demuestra que la autoridad civil es la

que ha establecido los fueros que en otro tiempo han existido?

R.—Con solo examinar cuál ha debido ser el principio de los pueblos ó naciones que ahora figuran; porque es muy claro que al establecer el modo de administrar la justicia, ó se dijo que todos los asociados se rigiesen por una misma ley y unos mismos tribunales, ó se hicieron algunas excepciones: si lo primero, no hubo fueros; si lo segundo, entonces fué cuando se establecieron. Méjico, por ejemplo, poniendo en práctica lo que bien pudo hacer desde la conquista, ha determinado en sus leyes fundamentales, que no haya excepciones á la ley común, que no haya fueros; y ya se ve, que para cumplir tal disposicion no se necesita el beneplácito de nadie, bastando que lo decrete, como lo decretó ya el congreso de la Union, que es el único competente, siempre que se trata del arreglo general de la administracion pública.

P.—¿Qué quiere decir ley retroactiva?

R.—Aquella disposicion que se dicta por el legislador despues de haber pasado el hecho que la motiva, con ánimo de que se comprenda el mismo hecho en la nueva disposicion.

P.—¿Y por qué se prohiben las leyes retroactivas en la Constitucion?

R.—Porque solo son ilegales los actos que se verifican estando ya prohibidos; y por lo mismo, no se debe imponer pena por ellos, sino en el caso de que se vuelvan á cometer despues de expedida la ley.

P.—¿Y pueden hacerse concordatos, convenios ó tratados en que se alteren las garantías y derechos otorgados
por la Constitucion?

R.—De ninguna manera, supuesto que las autoridades
que deben suscribirlos, nada pueden en contra de la ley
fundamental de la República, que los prohibe.

P.—¿Cuáles son las condiciones indispensables para
que pueda verificarse un cateo ó allanamiento en la casa
de cualquier habitante de nuestra nacion?

R.—Debe decretarse por autoridad competente, mediante una causa legal.

P.—¿Quién puede ser preso por deudas?

R.—Ninguno, á no ser que ademas de la deuda, tenga
que responder cualquier habitante de un delito que merez-
ca pena corporal.

P.—¿Y puede ser detenido un hombre en prision hasta
que pague los llamados derechos de cárcel, ó de alguna otra
especie?

R.—De ningun modo, pues quedan para siempre prohibidas las costas de justicia, la cual debe ser en lo de adelante gratuita.

P.—¿Cuánto tiempo puede uno ser detenido por el juez,
sin que se dé el auto ó mandamiento que llaman de bien
preso?

R.—Tres dias.

P.—¿Y qué ventaja resulta al detenido de saber despues de tres dias que se halla formalmente preso?

R.—La muy interesante de poder apelar desde luego al

tribunal superior que corresponda, para que sin perjuicio de que siga la causa por sus trámites debidos, decida si la prision está justamente decretada.

SECCION IV.

DE LAS GARANTIAS DEL ACUSADO EN TODO JUICIO CRIMINAL, Y DE OTRAS PREVENCIONES GENERALES QUE CONTIENE LA CONSTITUCION ACERCA DE LOS DERECHOS DEL HOMBRE.

Vanas serían las teorías sobre libertad y progreso, si las prevenciones constitucionales y las leyes secundarias no llegasen á dar sólidas garantías á cada hombre en particular, de que la administracion de justicia será en todo caso recta é imparcial. Signo seguro de decadencia es en toda nacion el observar, que los jueces, para administrar la justicia, consultan mas bien que á los códigos, la voluntad de los que mandan, ó de los que por sus bienes de fortuna se hallan altamente colocados en la escala social. El juez no debe abrigar temores ni esperanzas, á fin de que el acusado esté seguro de que solamente su delito debe perderle, ó de que su inocencia debe en todo caso salvarle.

Ninguna tranquilidad quedaría á un acusado, si una vez absuelto, pudiese volver á comenzar el mismo juicio, ó si el número de tribunales que debiese recorrer una causa fuese indefinido. La Constitucion ha prevenido en el artículo 24, para evitar tan graves males, que ningun juicio criminal pueda tener mas de tres instancias, que nadie pueda ser juzgado dos veces por el mismo delito, ya sea que en el juicio se le condene ó se le absuelva, y que los jueces no sigan ya la práctica de absolver de la instancia, porque esto ha equivalido á no juzgar.

El poder judicial, cuyas funciones se limitan á la exacta aplicacion de las leyes, no está en el caso de decidir sobre la intrínseca bondad de éstas, ni acerca de los derechos en general; toda pretension sobre este punto sería una invacion de facultades que no puede tener; mas á su vez, al poder administrativo, que mas generalmente toma el nombre de gobierno, le está vedado el imponer penas, ó declarar derechos, cuando se controvierten por los ciudadanos entre sí. La perfeccion en este punto sería, que ni los jueces diesen aquellos fallos que realmente suelen importar muy trascendentales interpretaciones de ley, y que las autoridades políticas por motivo ninguno impusiesen penas.

Tal perfeccion es por desgracia irrealizable, porque ni las leyes son siempre tan claras, completas y filosóficas que cierren la puerta al arbitrio judicial, ni es conveniente que los gobiernos que se hallan en la actualidad por todas partes en estado de lucha contra sus adversarios políticos, se presenten desarmados ante la sociedad que tienen que proteger, y por tanto, se hace indispensable darles la facultad de imponer penas, no muy graves, para que adquieran la respetabilidad que debiera venirles únicamente del apoyo moral de los asociados. De esta consideracion ha provenido, el artículo 21 constitucional, que confiere al poder administrativo la facultad de imponer, como correccion del momento, hasta quinientos pesos de multa, ó un mes de prision, en los casos y modos que expresamente determine la ley.

Para que el pueblo establezca las garantías que necesita cuando adquiere el poder, le basta recordar los dolores y humillaciones que han sufrido nuestros padres. El partido democrático debe hacer desde luego imposibles en el terreno legal ciertos abusos de autoridad, cuyo recuerdo trae por sí mismo la mas justa condenacion de los tiranos, de los tiempos bárbaros del feudalismo, y de la inquisicion. Las penas de mutilacion y de infamia, la marca, los azotes, los palos, el tormento de cualquiera especie, la multa que no guarde proporcion con las facultades del individuo, y que mas bien tenga por objeto su ruina que la reparacion del delito, la confiscacion de bienes, las penas trascendentales á los inocentes, y todas aquellas que ostentando crueldad no tienen por objeto la correccion del reo, quedan para siempre borradas de nuestros códigos, por prevenirlo así el artículo 22 de la Constitucion, como un homenage de respeto que rinde la presente generacion á los sacrosantos derechos de la humanidad.

Nuestros legisladores constituyentes hubieran deseado, como liberales y como cristianos, abolir la pena de muerte; mas no pudiendo sustituirla desde luego con el régimen penitenciario, encomendaron en el artículo 23

5

al poder administrativo el preparar esta importantísima mejora. Los conquistadores de nuestro suelo nos dejaron la práctica maldita de matar á todos los grandes delincuentes, sin investigar primero si es posible corregirlos y morigerarlos. Con el pretexto de que atacan tales criminales á la sociedad, y llamando *vindicta pública*, esto es, venganza comun, á las ejecuciones friamente calculadas de estos infelices, han creido que moralizaban á un pueblo dócil y sensible, logrando un efecto contrario, porque el cadalso no corrige sino que endurece el corazon de los que presencian las ejecuciones, da idea de que castigar es vengarse, y por esto se ha inspirado instintivamente al comun del pueblo, un sentimiento vago de que la sangre derramada en los patíbulos, mas bien es un holocausto ofrecido á los intereses dominantes, que una exijencia de la verdadera justicia. Dia vendrá en que se reduzca á la práctica, por parte al menos de la autoridad pública, el sublime precepto dictado con un laconismo admirable, que en vano se está repitiendo hace miles de años. ¡No matarás!; época vendrá en que se asegure para siempre el principio de que lo mas sagrado en la tierra es la vida del hombre. «Entre tanto,» dice la Constitucion, artículo 23, «queda abolida «la pena de muerte para los delitos políticos, y no podrá «extenderse á otros casos mas que al traidor á la patria «en guerra extrangera, al salteador de caminos, al in-«cendiario, al parricida, al homicida, con alevosía, pre-»meditacion ó ventaja, á los reos de delitos graves del

«órden militar y á los de piratería que definiere la
ley.»

No pudiendo olvidar los legisladores constituyentes
las violencias de la fé pública, empleadas como medios
de gobernar por los tiranos que ha sufrido nuestra nacion. y que en cada gefe militar que transita con tropa
suele tenerse un déspota, que exije de los habitantes de
los pueblos servicios que no deben prestárseles, sino es
con plena voluntad, declararon en los artículos 25 y 26,
que «la correspondencia que bajo cubierta circule por
las estafetas está libre de todo registro» y que, «en tiempo de paz ningun militar puede exijir alojamiento, baga-
je, ni otro servicio real ó personal, sin el consentimiento
del propietario; en tiempo de guerra solo podrá hacerlo
en los términos que establezca la ley.»

Deseosos tambien nuestros representantes de impedir
por cuantos medios estaban á su alcance, que el pueblo
resienta los perjuicios que en otros tiempos le han sobre-
venido, por los privilegios que tan fácilmente suelen
arrancar de los gobernantes las personas influentes, de-
terminaron en el artículo 28, que en lo sucesivo no habrá monopolios ni estancos de ninguna clase, ni prohi-
biciones á título de proteccion á la indústria, exceptuando únicamente los privilegios que por tiempo determinado conceda la ley á los inventores ó perfeccionadores de algun arte ú oficio; y aquellos derechos que deben
reservarse al supremo gobierno, como acuñar moneda y
reglamentar los correos públicos.

Las garantías otorgadas á todo habitante de Méjico por la Constitucion, solo pueden suspenderse por el Presidente de la República, en los casos de invasion, perturbacion grave de la paz interior, ó cualesquiera ótros que pongan á la sociedad en grande peligro ó conflicto. Para esta suspension se requiere, conforme al artículo 29, que preceda el acuerdo del consejo de ministros, y la aprobacion del Congreso de la Union, ó cuando éste no estubiere reunido, de la diputacion permanente, entendiéndose siempre salvadas las garantías que aseguran la vida del hombre, y que las demas se suspenden por tiempo limitado, y por medio de prevenciones generales; sin que la suspension pueda contraerse á determinado individuo.

P.—¿Qué objeto principal deben tener las leyes?

R.—Infundir á los habitantes de la nacion la seguridad y confianza, de que serán siempre debidamente considerados en sus personas y en sus bienes.

P.—¿Cuáles son las garantías que ha de tener el acusado en todo juicio criminal con arreglo á la Constitucion?

R.—¡Las siguientes:

I. «Que se le haga saber el motivo del procedimiento y el nombre del acusador, si lo hubiere.»

II. «Que se le tome su declaracion preparatoria dentro de cuarenta y ocho horas, contadas desde que esté á disposicion del juez.»

III. «Que se le caree con los testigos que depongan en su contra.»

IV. «Que se le faciliten los datos que necesite y consten en el proceso, para preparar sus descargos.»

V. «Que se le oiga en defensa por sí ó por persona de su confianza, ó por ambos, segun su voluntad. En caso de no tener quien lo defienda, se le presentará lista de los defensores de oficio, para que elija el que, ó los que les convengan.»

P.—*Cuál es la pena mayor que puede imponerse gubernativamente?*

R.—*Quinientos pesos de multa, ó un mes de reclusion.*

P.—*¿Qué penas quedan abolidas para siempre?*

R.—*La de mutilacion y de infamia, la marca, los azotes, el tormento de cualquiera especie, la multa excesiva, la confiscacion de bienes y cualesquiera otras penas inusitadas y trascendentales, á los que no tienen parte en el delito.*

SECCION V.

DE LA PROPIEDAD.

¿Desde cuándo y por qué han comenzado á decir los hombres, *esto es mio?* Ha debido ser desde que la prevision originada por la experiencia les hizo ver, que para evitar la carestía de los frutos de la naturaleza, es ne-

cesario recogerlos y reservarlos cuando se producen; que
el trabajo y la inteligencia mejoran y aumentan los goces; y que la miseria es una dolorosa impotencia. Colec-
tar los frutos, defenderlos de los animales, mejorar su
produccion, son esfuerzos que solo pueden hacerse lle-
vando por objeto principal el provecho del individuo, y
por extension el de la familia; y bien se alcanza que tal
solicitud ha debido comprender ademas, la tierra en que
se producen, la habitacion en que se guardan y otros bienes que mediante el trabajo hacemos nuestros.

Resulta de lo expuesto, que ese sentimiento mas ó menos enérgico con que todos nos dirigimos á la adquisicion,
primero de los bienes necesarios para el presente, y despues para asegurar el porvenir, es el miedo de la miseria y la esperanza de mejorar nuestra situacion mediante el trabajo y la economía.

La ley civil ha debido protejer esta tendencia tan jus-
tificada, siquiera porque es tan general, secundando así
al designio de la Divinidad, que al darnos la tierra por
herencia, ha querido que la explotase el hombre laborio-
so, y que el dolor, el abandono, el hambre y las enfermedades estimulasen á los perezosos, que desean las co-
modidades sin darse la menor pena para proporcionár-
selas.

Esto es mio, quiere decir, he aquí lo que he trabajado,
ó lo que otros han economizado para mí, y nadie lo to-
que sin mi voluntad. En efecto, cada uno siente que no
debe tomar lo ageno, para que á su vez los demas respe-

ten lo *suyo*. Este sentimiento de mútuo respeto, de garantía recíproca, es una de las grandes aplicaciones de
la justicia; un elemento precioso de sociabilidad que no
podia dejar de ser anunciado como principio fundamental en nuestra Constitucion, la cual, en el artículo 27
consigna el derecho de propiedad en estas palabras: «La
propiedad de las personas no puede ser ocupada sin su
consentimiento, sino por causa de utilidad pública y prévia indemnizacion; la ley determinará la autoridad que
deba hacer la expropiacion y los requisitos con que ésta haya de verificarse.»

Pero una vez acumulados los productos y acrecenta-
dos los valores, era necesario saber á quién pertenecian
despues de la muerte del dueño.

Es indudable que podia ejercer durante su vida la mas
ámplia liberalidad con el fruto de su trabajo, prestándo-
lo ó donándolo; pero con la muerte cesa todo cuidado para el porvenir, y se hace imposible ademas cualquier acto de posesion; se deja de ser dueño en el hecho y hasta en la voluntad.

El ser racional nunca ha limitado la prevision á su
propia persona, la extiende siempre á los suyos; y si cre-
yera que con su muerte desparecia el fruto de sus eco-
nomías, ó pasaba á mejorar la suerte de personas á quienes no ama, se entregaria á la disipacion y al abandono. Ha sido, por lo mismo, muy interesante al progreso y bienestar de la humanidad, admitir el derecho hereditario, por el cual pasa la propiedad de los bienes de

uno que muere á aquellos á quienes designa clara y especificadamente, ó en falta de éstos á los que son llamados por la ley, la cual supone siempre que lo que mas ama en el mundo todo ser racional es su familia.

Hagamos una interesantísima observacion: El derecho hereditario es un establecimiento de conveniencia pública; pero limitado á los fines con que se admitió. Que el hombre se afane por los suyos, por los que conoce, por los que están unidos con su ser mediante el afecto, se comprende; y que por esto la sociedad respete las afecciones de los testadores, ó las suponga en los que mueren intestados, se alcanza perfectamente; pero que todo el poder social se empleara en sostener extravagancias de los que han dejado esta vida; y que los bienes que fueron de éstos quedasen sujetos á una ley eterna, tal vez supuesta por el que se hallaba á la cabecera del moribundo, cuando solo por ficcion de derecho se admite que traspase la posesion y propiedad de sus bienes eu el momento en que réalmente pierde la posesion y la propiedad; es un error funesto, cuyas fatales consecuencias se habrian de hacer palpables, como se han hecho ya, luego que por el estancamiento ó amortizacion de una gran cantidad de bienes se hiciese mas sensible la miseria pública.

La limitida facultad de legislar que tiene un testador sobre sus bienes, no podia sin contradiccion de principios ser eterna, porque este priviligio solo puede pertenecer á la divinidad, y únicamente el trascurso de mu-

chos años de una costumbre errónea, ha podido oscurecer
el absurdo que encierra el permitir que una persona que
ya no existe, continúe indefinidamente interviniendo en
la trasmision de una propiedad, que luego que pasa á
un primer heredero debe quedar absolutamente libre y
sin condicion.

Como era de esperarse, el tiempo vino á hacer palpa-
ble el absurdo que combatimos, cuando se experimentó
en nuestra pátria, que las corporaciones eclesiásticas iban
absorbiendo la propiedad raíz; y en verdad que si tal
consecuencia hubiera sido justa, la nacion debiera ha-
berla soportado, porque primero que todo es la justicia.
Un instinto secreto decia aun á los ignorantes, que la
sociedad no podia estar predestinada á ser víctima de
unos cuantos, y que bastaba solo el derecho de la propia conservacion, para oponerse al acrecentamiento indefinido del poder de la mano muerta, que iba sucesiva-
mente sustrayendo del comercio y de las herencias los
bienes de mayor cuantía.

.. Tal vez en virtud de este derecho, y en defensa de la
sociedad, se dió la famosa ley de 25 de Junio de 1856,
llamada de desamortizacion de la propiedad raíz, y se
insertó su texto principal en la Constitucion, artículo
27, que concluye con estas palabras: «Ninguna corporacion civil ó eclesiástica, cualquiera que sea su carácter,
denominacion ú objeto, tendrá capacidad legal para ad-
quirir en propiedad ó administrar por sí bienes raíces,
con la única excepcion de los edificios destinados inme-

diata y directamente al servicio ú objeto de la institución.»

Como se vé, la amortización de capitales iba á continuar indefinidamente, con el apoyo de una ley reciente, y por la prevencion constitucional. Las corporaciones eclesiásticas desconocieron lo ventajoso de la posicion en que quedaban, y apelaron á la guerra para revivir el privilegio que tenian de acaparar los bienes raíces.

La misma lucha alumbró el derecho, y en medio del combate apareció la disposicion dictada en Veracruz por el gobierno constitucional, en que se declaró que todos los bienes de las corporaciones eclesiásticas pertenecen á la nacion.

Ahora que está terminada la lucha, y que es tiempo de reconocer el derecho para el porvenir, preguntará tal vez alguno, ¿cuál es el fundamento de justicia de tal disposicion, fuera del que invocó dicho gobierno, y que sin duda ha sido suficiente en los momentos del combate? Responderémos, que sin la necesidad de castigar á las corporaciones rebeldes, y sin que hubieran dado éstas el escándalo de que los mas elevados prelados virtiesen á millones para sostener la rebelion los tesoros acumulados en trescientos años, y sin que hubieran visto nuestros ojos convertidas las alhajas del templo en recursos para mantener la guerra, la disposicion de nacionalizar los bienes todos de las corporaciones eclesiásticas es justa, porque toda esa acumulacion de riquezas se verificó por un error capital y muchos abusos coadyuvan-

tes, que se dirigian á la absorcion completa de todas las
fortunnas, hasta hacer de los mejicanos unos siervos de la
Iglesia, de la que tendriamos que recibir el pan, en cambio de todas nuestras libertades, porque la servidumbre
no muda de especie, quien quiera que sea el amo.

El error á que aludimos fué admitido por nuestros
mayores, porque lisonjeaba su orgullo el pensar, que
por los siglos de los siglos tendrian puesta su mano yer-
ta sobre los bienes de la conquista, como si la sucesion
toda de la naturaleza pudiese quedar detenida ante un
pergamino que establecia una cofradía ó un convento,
ó ante una cláusula testamentaria que fincaba una ca-
pellanía sempiterna.

La libertad de testar debe sostenerse; pero no es menos sagrada la del heredero en cuyo favor se estableció
la primera, de suerte que una vez designado el sucesor,
puede este disfrutar sin traba alguna los bienes hereda-
dos, designando á su vez la persona que debe sucederle.

Nos resta únicamente indicar que la nacion, es decir,
el conjunto de los que asociados representan esta entidad
que se llama Méjico, es la heredera de todos los capitales que en mala hora fueron sustraidos del comercio y
de las herencias, porque habiendo ya fallecido hace muchos años los inmediatos y únicos legítimos sucesores
de los que primero adquirieron los bienes, de que se fué
apoderando el clero con mas ó menos injusticia y abuso,
deben considerarse tales bienes naturales y legítimamente
como intestados, sin sucesor alguno conocido. Tales son

los fundamentos sólidos é indisputables de una de las leyes de reforma, que es la que declara nacionales los bienes llamados ántes de manos muertas.

P.—¿Qué es propiedad?

R.—El derecho que tenemos de disponer libremente de los bienes que adquirimos por la naturaleza, el trabajo ó la herencia.

P.—¿Y en qué casos puede impedírsenos el libre uso de nuestra propiedad?

R.—Solamente por causa de utilidad pública, y aun para esto debe preceder la debida indemnizacion.

P.—¿Tenian las corporaciones eclesiásticas verdadero derecho de propiedad en los bienes que administraban?

R.—De ningun modo, porque tales bienes eran y son de la nacion, única que puede heredarlos.

P.—¿Segun esto, nada pueden tener los ministros de la religion?

R.—Individualmente pueden poseer y disfrutar de los bienes que legítimamente adquieren lo mismo que cualquier ciudadano; pero en comunidad no debian ya poseer unos bienes que tan mal empleaban, y que retenian sin derecho.

P.—¿Y no es cierto que los administraban con permiso de la autoridad pública?

R.—Ciertamente, y por esto mismo han debido desprenderse de ellos, luego que la misma autoridad les retiró el permiso.

SECCION VI.

DE LA FAMILIA Y LIBERTAD. DEBERES Y DERECHOS DE LOS CIUDADANOS, DE LOS MEJICANOS EN GENERAL, Y DE LOS EXTRANJEROS.

La niñez, época de la mayor debilidad del ser racional; la juventud, tiempo en que sonríen las ilusiones, y en que siente el individuo que se desarrollan y acrecientan sus fuerzas; la vejez, que viene á sazonar el juicio con el fruto de la experiencia, precisamente cuando empieza á marcarse la decadencia física; todas esas faces de la vida, sacan sus goces de la familia, ya porque de ella recibe el infante la proteccion del amor mas desinteresado; ya porque experimenta despues el jóven el cariño mas ardoroso, que le impulsa á buscar en la belleza el complemento de su ser; ya en fin, porque ocupado el corazon en el último tercio de nuestra existencia, de la ternura mas profunda, y de la abnegacion mas elevada, miramos á nuestra descendencia como una multiplicacion del yo, que nos hace probar la inmortalidad, precisamente cuando todo anuncia la cesacion gradual de las facultades vitales.

¿Qué espectáculo mas imponente y conmovedor puede darse, que el que ofrece un anciano, rodeado de su descendencia, en el lecho de muerte, dando sus últimos consejos á sus hijos, recibiendo las últimas caricias de sus nietos, y dejando con tranquilidad una vida que ve reproducida en tantos objetos predilectos, á quienes ha dedicado sus años mas floridos, y sus mas constantes afanes?

El rústico trabajador del campo, el artesano mas miserable, no se dan á la fatiga únicamente por sí, ni vierten el sudor de su frente, pensando solo en sus propias necesidades; el recuerdo de la familia viene á reanimarlos en medio del cansancio, y á darles nuevas fuerzas y resignacion, para vencer el abatimiento y el dolor.

El atrevido navegante que surca mares desconocidos y va á tierras lejanas, miéntras que se halla ausente, piensa de continuo en sus hijos, y cuando vuelve al puerto de su partida, lo primero que buscan sus ojos es su familia.

El soldado que pelea por la buena causa, el jurisconsulto que busca las inspiraciones de la justicia, el magistrado que se desvela preparando la felicidad de sus conciudadanos, todos al fin de sus penosas tareas, no esperan el bienestar y la abundancia sino para la familia.

Pero ésta no es sino un motivo de aflicion, y la vida misma se vuelve una enojosa carga, cuando la libertad huye del suelo en que vivimos, dejándonos en las garras de la tiranía; porque entonces nuestros hijos sirven de guardias al tirano, el honor del sexo débil es mancillado por viles cortesanos, y ni aun puede gozarse el fruto del trabajo que á cualquiera hora es arrebatado por infames esbirros. ¡Digno es de suerte tan desgraciada el pueblo que soporta tan oprobioso yugo, y que deja perecer aislados á los valientes que en tales casos

se levantan á reclamar los fueros de la justicia y de la
humanidad!

Pasemos al exámen de nuestros deberes.

Sobre el interés, sobre las pasiones, sobre el egoismo,
hay una regla eterna de sociabilidad impuesta por Dios,
que aunque tiene varias aplicaciones, se comprende
bien con solo esta palabra, *Deber*. Si por desgracia cor-
roe nuestro ser moral la avaricia, si ruge la tempestad
de la ira, si estallan los ímpetus de la ambicion, si se
apodera del hombre el impulso ciego del amor; cuando
todo hace creer que ha desaparecido su racionalidad,
porque no se ve en él sino el instinto de los brutos, en su
aspecto mas repugnante, un timon que nunca se rompe
le impulsa á toda hora en direccion contraria, un sentimiento que nunca perece le dice constantemente, dor-
mido ó despierto, solo ó acompañado, esta expresion que
le hace estremecerse, que acaba casi siempre por mode-
rarle, y á veces por vencerle, cambiándole del todo:
Faltas á tu deber.

Este resorte secreto que forma el tormento, el verdadero infierno de los malos, es para los buenos orígen de
todo lo grande y generoso que ennoblece á la humanidad. El dicta á los vencedores la clemencia, así como
á los vencidos el heroismo del sufrimiento resignado; él
enseña á los mártires el apoteósis, y dá fé á los apóstoles de las ideas fecundas, que pasan desconocidos por
el mundo y tal vez despreciados y perseguidos; él impone á los ricos, á los afortunados, la moderacion, á la

vez que cria la esperanza para los que sufren, para los
que se sienten abrumados del cansancio de una vida pe-
nosa; y cuando la injusticia del mundo hace imposible
toda idea de felicidad para esos desgraciados, cuya organizacion ha destruido ya la miseria, cuyos afectos ha
matado la adversidad, todavía por este sentimiento sublime que nace de la conciencia de haber llenado el deber en la tierra, pueden dirigir sus ojos hácia las altu-
ras, buscar en lo desconocido á ese padre que nos ha
dicho, «bien aventurados los que lloran,» y aguardar
tranquilos y consolados la hora en que se digne llamar-
los á su seno de donde salieron.

Los deberes hácia Dios, que son todos de esperanzas
elevadas y de perfeccion incesante; los deberes hácia
la pátria, que se derivan de las ideas de justicia, de las
aspiraciones generales; los deberes hácia la familia, que
reune todos nuestros amores; los deberes con relacion
á nosotros mismos, que nunca pueden aislarse de la
fraternidad que nos liga con los demas hombres, son todos la aplicacion de la ley social, de la ley de la Providencia, que se hace sensible en el gobierno del mundo,
en la direccion de los pueblos, y en la proteccion del
individuo, sin que pueda jamas explicarse suficientemente.

Añadiremos, que así como el elemento social es la
familia, y si éstas no conservan escrupulosamente el
sentimiento de justicia, la asociacion está perdida; los
individuos son el orígen de una corrupcion inevitable,

cuando deja de ser respetado en una República el austero principio del cumplimiento del deber.

P.—¿Qué es derecho?

R.—Cualquiera facultad individual que la ley tácita ó expresamente reconoce.

P.—¿Qué se entiende por deber?

R.—El conjunto de obligaciones que unen al individuo con los hombres en general, con su familia, con la nacion á que pertenece, y con Dios.

P.—¿Cuáles son las obligaciones del individuo hácia los demas hombres?

R.—Socorrerlos en sus desgracias, instruirlos si se presenta la ocasion, tratándolos en todo con benevolencia fraternal.

P.—¿Qué debemos á nuestras familias?

R.—Hacerlas felices en cuanto de nosotros dependa.

P. —¿Y esto cómo se logra?

R.—Dando educacion corporal é intelectual á nuestros hijos, que los conduzca siempre por el sendero de la verdad y la justicia.

P.—¿Dejando para mas adelante la especificacion de nuestros deberes políticos, decidme, ¿cuáles son nuestras obligaciones hácia Dios?

R.—Le debemos amor y agradecimiento por los beneficios de su incesante providencia; fé en sus promesas santas,

7

porque es la suma verdad, y respeto á sus mandatos que
están hechos para nuestro bien.

P.—¿Y no tenemos deberes hácia nosotros mismos?

R.—Como no podríamos llenar nuestras obligaciones si
no pusiéramos los medios necesarios de nuestra parte, lo
primero que debemos hacer es perfeccionarnos, dirigiendo
la voluntad á lo bueno y el entendimiento á la verdad,
dando tambien al cuerpo el desarrollo y aptitudes de que
sea susceptible.

P.—¿Qué es libertad?

R.—La facultad de hacer lo que las leyes no prohiben.

P.—¿De qué modo se hallan limitadas las facultades
del individuo por el estado social?

R.—En todo lo que dañan á otro ó al conjunto de los
asociados.

P.—¿Qué debe ser la ley?

R.—Una derivacion de la justicia, demostrada por la
razon, y fundada en la conveniencia social.

P.—¿Qué se entiende por ciudadano de una nacion?

R.—El individuo que puede ejercer en ella todos los
derechos políticos.

P.—¿Cuáles son estos derechos?

R.—La Constitucion, en su artículo 35, consigna los siguientes:

I. «Votar en las elecciones populares.

II. «Poder ser votado para todos los cargos de eleccion popular, y nombrado para cualquier otro empleo
ó comision, teniendo las calidades que la ley establezca.

III. Asociarse para tratar los asuntos políticos del país.

IV. Tomar las armas en el ejército ó en la guardia nacional, para la defensa de la República ó de sus instituciones; y

V. Ejercer en toda clase de negocios el derecho de petición.

P.—¿Quiénes se comprenden bajo la expresion general de mejicanos?

R.—Conforme al artículo 30 son mejicanos:

I. Todos los nacidos dentro ó fuera del territorio de la República, de padres mejicanos.

II. Los extrangeros que se naturalizan conforme á las leyes de la federacion; y

III. Los extrangeros que adquieran bienes raíces en la República, ó tengan hijos mejicanos, siempre que no manifiesten la resolucion de conservar su nacionalidad.

P.—¿Quiénes son ciudadanos de la República?—

R.—Los mejicanos que hayan cumplido diez y ocho años siendo casados, ó veintiuno si no lo son, y tengan un modo honesto de vivir.

P.—¿Cuáles son los deberes de los ciudadanos mejicanos?

R.—Los siguientes:

I. «Defender la independencia, el territorio, el honor, los derechos ó intereses de su pátria;

II. Contribuir para los gastos públicos así de la federacion como del Estado y municipio en que residan;

III. Inscribirse en el padron de su municipalidad;

IV. Alistarse en la guardia nacional;

V. Votar en las elecciones populares; y

VI. Desempeñar los cargos de eleccion popular.

P.—¿Por qué causa se pierde la calidad de ciudadano?

R.—1º Por naturalizacion en país estrangero.

2º Por servir oficialmente al gobierno de otro país, ó admitir de él condecoraciones, títulos ó funciones, sin prévia licencia del congreso federal, exceptuando los títulos literarios, científicos y humanitarios, que pueden aceptarse libremente, y

3º En los demas casos que fije la ley, ya sobre pérdida absoluta de tales derechos como sobre la simple suspension.

P.—¿Cómo debe tratarse á los extrangeros laboriosos?

R.—Como á hermanos que nos traen el contingente de su trabajo, deseando participar de la herencia de nuestros padres, protegidos por la libertad.

P.—¿Cuáles son las obligaciones de los extrangeros?

R.—Conforme al artículo 33 de la Constitucion, contribuir para los gastos públicos de la manera que dispongan las leyes, obedecer y respetar las instituciones, leyes y autoridades del país, sujetándose á los fallos y sentencias de los tribunales, sin poder intentar otros recursos, que los que las leyes conceden á los mejicanos.

TITULO II.

DE LA SOBERANIA EN GENERAL, Y DE LA FORMA DE GOBIERNO.

INTRODUCCION.

No háy soberanía sin independencia, de manera que si ésta no es absoluta, la soberanía es una quimera. Se pretende que existe la soberanía del individuo, de la familia, del municipio, del Estado ó Provincia, y en fin, se disputa sobre la soberanía de la nacion, preguntándose, ¿en dónde existe?

Contestarémos que en el sentido absoluto que vamos enunciando, la soberanía individual ó de la familia es un delirio, que el municipio y los Estados de nuestra federacion deben tener franquicias sin que sean en realidad soberanos, y que si á estos últimos se les da tal nombre, es solo de un modo relativo y en órbita determinada, á saber, en su régimen interior; y finalmente, que la nacion misma no es soberana sino para hacer que imperen la moral y la justicia, leyes eternas impuestas á todas las sociedades por el Criador de la naturaleza, por el verdadero y único Soberano.

Mas refiriéndose al poder nacional, á la independencia respecto de los demas pueblos, ha dicho la Constitucion en el artículo 39: «La soberanía nacional reside esencial y originariamente en el pueblo. Todo poder público dimana del mismo y se instituye para su beneficio. El pueblo tiene en todo tiempo el inalienable derecho de modificar ó alterar la forma de su gobierno.»

Jamas se habrian originado disputas tan acaloradas, y disensiones tan sangrientas con motivo de la soberanía, como las que se han experimentado en muchas partes, si el ejercicio del poder público se hubiese dirigido siempre al grande objeto de la felicidad comun. Mas como las naciones todas han sufrido por muchos siglos el tormento de los gobiernos arbitrarios, han debido buscar el remedio, desconociendo desde luego el derecho de mandar en personas que tan mal lo empleaban, aunque se proclamaban instituidas por Dios. Los sacerdotes de todos los cultos han contemporizado con lo que llaman potestades de la tierra, sacando para sí mismos inmunidades, privilegios, riqueza y consideraciones, y persuadiendo á los pueblos á que sufran pacientemente en la tierra, los males de que los predicadores están exentos, para alcanzar despues el cielo, cuyas llaves dicen que tienen ellos únicamente á su disposicion.

No han faltado textos sagrados para adormecer el
oido de nuestros mayores, á quienes se les repetia, que
los reyes gobiernan en representacion de la divinidad,
pretendiendo hacerlos inviolables; al mismo tiempo, que
las promesas de felicidad futura que Jesucristo dió á
los que padecen en la tierra hambre y desnudez, eran
convertidas por sus opresores en obligacion de sufrir
toda clase de humillaciones, para ganar la bienaven-
turanza. Subvertidas así las ideas, la proclamacion de la
soberanía del pueblo, es decir, el alto y supremo derecho
que tiene para proveer á su propia felicidad, se consi-
deró como herejía religiosa y política, y no contentos
los afortunados de la tierra con la reprobacion de la
doctrina, se aprestaron á remachar la dominacion, y á
enrojecer la tierra con la sangre de los desgraciados, que
pretendian tomar su parte en la direccion de los negocios que á todos interesan.

Esta lucha antigua, sigue bajo muchas formas y con
éxito diferente en todas las regiones del globo, y como lleva por objeto final el goce de bienes inapreciables que
unos pocos quieren disfrutar, excluyendo á la mayoría,
divide á los hombres en dos bandos que tienen sus respectivos auxiliares. Por un lado se hallan los serviles, por
otro los liberales; ayudan á los primeros los altos dig-
natarios de la jerarquía eclesiástica, los ricos que explo-
tan al pobre sin consideracion alguna, los viciosos que
no quieren trabajar, y que hallan mayor comodidad en
armarse para defensa de los primeros, que les pagan

abundantemente; mientras que los segundos reclutan sus partidarios en el clero pobre, en la clase media, que no necesita sino de la libertad para dedicarse á especulaciones honestas, y sacan sus defensores de entre esa generosa juventud, que se lanza al combate sin acordarse de la paga, y no busca otra recompensa que la gloria de contribuir al triunfo de la justicia y del derecho.

Cuando en la lucha de que hablamos, el pueblo es vencido, no hay forma de gobierno, ni leyes que se observen, y mucho es, si al menos se respeta el sentimiento de humanidad. Podemos hacer en pocas palabras el catálogo de los sufrimientos, que en tales ocasiones descarga la tiranía sobre los ciudadanos:

Prisiones arbitrarias.

Levas en masa.

Contribuciones exageradas y ruinosas.

Destierros inmotivados.

Fusilamientos sin las garantías de un proceso en forma legal.

Cuando por el contrario, el pueblo triunfa, á todos estos desmanes de sus enemigos responde con una palabra, cuyo prestigio no se ha perdido, y creemos que no se perderá nunca, *la ley*. Se comprende muy bien por lo dicho, que la forma de gobierno es el principio fundamental á que tienen que sujetarse los encargados del poder público, y que para la protección de la sociedad y de todos los intereses justos, no se necesita sino la observancia estricta de ese mismo principio.

He aquí el motivo porque son cuestiones tan capitales las relativas á la soberanía y á la distribucion del poder nacional.

———

P.—¿Qué se entiende por soberanía?

R.—El alto y supremo derecho que tienen las naciones para proveer á su propia felicidad.

P.—¿Qué es forma de gobierno?

R.—El conjunto de principios políticos que adopta un pueblo para normar la accion de las autoridades, y asegurar los derechos de los ciudadanos.

P.—¿Cuántas formas de gobierno se conocen?

R.—Esencialmente dos: la primera es aquélla que tiene por objeto el bien del pueblo, y por esto se llama Democracia; *la segunda es la que tiene por fin el beneficio de clases determinadas ó de pocos individuos, y tiene por nombre* Oligarquía.

P.—¿Pues no se ha acostumbrado dividir las formas políticas en Democracia, que es el gobierno del pueblo, Aristocracia que es el gobierno de los nobles, y Monarquía que es el gobierno de uno solo que se llama rey?

R.—Así se han distinguido los gobiernos, pero todos ellos se reducen á lo que hemos indicado, segun el objeto que se proponen los que lo establecen, que no puede ser otro que el bien de la mayoría ó el de la minoría.

P.—¿Cuántos partidos políticos existen en todas las naciones?

R.—Dos, que son el liberal y el servil: el primero se propone sustituir en todas las relaciones sociales la justicia, el segundo busca palabras especiosas para encubrir su ambicion de dominar al pueblo, sirviendo con bajeza á los tiranos.

P.—¿Y basta decir que se busca el bien del pueblo para probar decision por su libertad?

R.—De ningun modo, por que siempre tienen ese lenguaje los tiranos y los demagogos.

P.—¿Qué quiere decir tirano?

R.—El que en cualquier cargo público no tiene otra ley que su capricho.

P.—¿Y demagogo qué quiere decir?

R.—El que lisonjea las pasiones del pueblo impulsándole á cometer cualquiera injusticia.

P.—¿Qué se entiende por faccion política?

R.—La reunion de ciudadanos que aspiran al poder público sin pararse en los medios.

P.—¿Y en qué se distinguen las facciones de los partidos?

R.—En que las primeras buscan siempre la elevacion de personas determinadas, y las segundas el triunfo del principio político en que se fundan.

SECCION I.

DE LA FEDERACION.

Hay una tendencia del espíritu que dirige todas las cosas á la centralizacion. Sea que venga del aspecto general del universo, en el que vemos que los satélites giran al derredor de los planetas, y estos en derredor del sol; sea que al considerar la razon como una luz que irradia se busca por imitacion un centro; sea en fin, que se derive de la atraccion que siente nuestro pequeño espíritu hácia el Criador de todo, el hombre busca en sus obras la realizacion de esa idéa típica, que le hace referirse siempre á un principio generador, del que deriva el órden, ligando la familia á un padre, las familias á un pueblo, estos á una provincia, las provincias ó Estados á una nacion, y no pudiendo avanzar mas allá prácticamente la tendencia á que nos referimos, espera como por instinto, que la perfeccion se encontrará en el mundo, cuando todas las naciones se estrechen entre sí, bajo la dependencia de una autoridad justa y sábia.

Mas para que el pensamiento sea completo, es necesario admitir tambien otro elemento, no menos poderoso é innegable, aunque no tan apreciado hasta ahora de de lo que en verdad merece serlo; queremos hablar del antagonismo, de la rivalidad, del ejercicio de fuerzas diferentes y á veces contrarias, que se han establecido por el Criador para que en contraposicion de la atraccion

del centro, formen el equilibrio social, del mismo modo
que las fuerzas centrífuga y centrípeta contribuyen al
órden perdurable del mundo físico.

En efecto, el antagonismo empieza en los hermanos,
sigue en las familias, se desarrolla de pueblo á pueblo,
continúa de provincia á provincia, y no deja de experi-
mentarse con una fuerza poderosa de nacion á nacion.

Los místicos que avasallan su entendimiento á las
preocupaciones, y que no han querido comprender ni
lo mas preceptible de la obra de la creacion, no obstante que se han atribuido la direccion de la especie
humana; viendo que la rivalidad, luego que no es dirigido por la razon, causa desórdenes teribles, han busca-
do en sus devaneos un medio fantástico para explicar
efectos tan sencillos y tan naturales, y afeando la obra
perfecta de la divinidad, han atribuido al Diablo los re-
sultados de la ignorancia y de las pasiones mal aplicadas.

Para nuestro propósito bastará observar, que luego
que se suprima la energía natural del individuo, de la
familia, del pueblo y de la provincia ó Estado, sujetán-
dolos como máquinas, á la accion exclusiva de un centro comun, está perdida la armonía social, y muertas
del todo su vitalidad y energía.

No basta pelear, defender y establecer la libertad de
accion del individuo, si se entorpece la de la familia,
si se mata el esfuerzo particular de las pequeñas asociaciones que se llaman pueblos, y si se tiraniza á las en-

tidades políticas que se llaman Estados. La nacion
que tal cosa permitiese, desaparaceria del haz de la tierra, y por esto se ha visto que en los gobiernos mas des-
póticos quedan siempre subsistentes algunas franquicias
municipales. Defender por lo mismo la libertad de los
Estados, es pugnar por la vida nacional, del mismo modo que fundar un centro comun, robusto y poderoso,
es preparar el órden, señalar un límite á la rivalidad
de las provincias, establecer un juez que pacíficamente
resuelva sus disputas y sus contrarios intereses. Si el
centro domina fuera de lo conveniente, mata la vitalidad local y prepara la muerte del todo; si las localidades se hacen realmente soberanas, es decir, independientes, y no se sujetan al pacto federativo, se lanzan á una
vía peligrosa, al fin de la cual forzosamente tienen que
hallar su propio aniquilamiento.

Resta solamente por una parte, que los Estados com-
prendan que deben dar á los municipios la amplitud de
recursos que hasta ahora no han tenido, y que los mismos Estados se convenzan, de que sin vigorizar al centro
federativo, la nacion aparecerá debilitada en sus relaciones con los otros pueblos, é impotente para establecer en
nuestro suelo el órden, que es el mas sólido fundamento
de la verdadera libertad.

El progreso de la humanidad ha sido muy lento, porque se han estorbado la centralizacion política por dema-
siado rígida, y la tendencia que toda localidad siente
hácia la autonomía, á la vida propia. Han creido los

reyes y sus consejeros, que lo que tenian qué hacer sobre la tierra, era dominar muchos hombres, y acallar con la tiranía los esfuerzos de los pueblos, cuando daban señales de aspirar á una esfera de acción mas ámplia y libre; y esta lucha mas ó menos ostensible, pero incesante, ha debilitado siempre de tal modo los grandes imperios, que se les ha visto desplomarse ante pequeñas causas supervenientes, como la estátua colosal de que habla la profecía de Daniel, que estaba compuesta de varios metales en su parte superior, y qué fué reducida á polvo por una piedrecita del monte que la hirió en los piés, que eran de hierro y de barro.

Los demócratas, en ódio á la opresion, han querido destruir algunas veces hasta la sombra de autoridad comun, y han recogido en poco tiempo desórdenes, sangre y exterminio.

Juzgamos que la estabilidad de nuestra pátria quedará asegurada, cuando á la mas amplia libertad del municipio, se reuna el respeto á las autoridades nacionales, encargadas por la Constitucion de velar por los intereses comunes, como son la seguridad exterior, la paz interior, la apertura de caminos, el fomento del comercio de buena fé, la proteccion de los extranjeros, y el auxilio posible á los mejicanos laboriosos, dejando al mismo tiempo á los Estados que mejoren libremente su situacion, mediante el desarrollo natural de los elementos de riqueza con que los ha dotado la Providencia, sin permitir que se perjudiquen unos á otros, ni que huellen la mas pequeña garantía, de las que la Constitucion ha otorgado á todos los habitantes del país.

———

P.—¿Qué se entiende por Federacion?

R.—La reunion de varios Estados que se sujetan á unas mismas leyes fundamentales, quedando libres en su régimen interior.

P.—¿Cuál es el mejor de los gobiernos?

R.—El federativo, porque á la vez que permite á las localidades todo el desarrollo y bienestar de que son susceptibles, asegura cuando se halla rectamente establecido, la libertad y el órden.

P.—¿Qué quiere decir órden pública?

R.—El ejercicio pacífico y regularizado de los derechos y obligaciones que á cada hombre corresponden en calidad de miembros de una sociedad.

P.—¿Cuáles son las partes integrantes de la Federacion mejicana?

R.—Los Estados de

Aguascalientes,	Oajaca,
Campeche,	Puebla,
Coahuila,	Querétaro,
Colima,	San Luis Potosí,
Chiapas,	Sinaloa,
Chihuahua,	Sonora,
Durango,	Tabasco,

Guanajuato,

Guerrero,

Hidalgo,

Jalisco,

México,

Michoacan,

Morelos,

Nuevo Leon,

Tamaulipas,

Tlaxcala,

Valle de México,

Veracruz,

Yucatan,

Zacatecas, el Territorio de la Baja California, y el Distrito Federal.

SECCION II.

La Constitucion divide en el artículo 50 el supremo poder de la federacion para su ejercicio, en Legislativo, Ejecutivo y Judicial. «Nunca podrán,» añade, «reunirse dos ó mas de estos poderes en una persona ó corporacion, ni depositarse el legislativo en un individuo.»

Son muy óbvias las razones de esta distribucion.

Legislar, ejecutar las leyes, y juzgar segun ellas, son funciones tan complicadas, que ninguna puede ser cumplidamente desempeñada por una sola persona moral; y en cuanto á la potestad legislativa, es por sí sola tan elevada, y requiere tal suma de conocimientos, que el confiarla á un solo individuo en todos los ramos que comprende, seria privar á la sociedad de toda esperanza de acierto. Mas aparte la consideracion de la verdadera imposibilidad en que se hallaria un gobernante para llenar tan difíciles funciones, hay otra referente á las garantías generales, que nunca se han visto respetadas, en las ocasiones que el poder público se ha concentrado en una sola persona ó corporacion.

Consecuencia natural es de nuestra organizacion apasionarnos por lo que pensamos, irritarnos con la resistencia que se nos opone á lo que deseamos ejecutar, y fallar acerca de las cosas segun la pasion que nos domina.

¿Qué seria de la justicia, base principal de las aso-

9

ciaciones humanas, si la pasion, la violencia y la pre-
ocupacion, fundasen el derecho, estableciesen el gobierno, y decidiesen en seguida las cuestiones de los particulares entre sí? El poder público se instituye para
remediar en lo posible la imperfeccion humana y corregir los vicios, no para darles pábulo y aumentarlos.
El ingenioso mecanismo de la sociabilidad, se advierte
precisamente en ese conjunto de acciones y de resistencia producidas por el derecho y el deber, que aunque
parezcan encontrados, son el orígen de toda actividad y
progreso; en ese juego de imperfecciones que necesaria-
mente tienen los individuos á quienes contiene la razon y
el interés comunes, y en esa combinacion de pasiones
que tanto espantan á los místicos, sin las cuales no ha-
bria adelantamiento ni perfectibilidad humana.

Los cuerpos del Estado, se hallan sujetos á la ley general del antagonismo, y no tardan en desarrollarse la
emulacion y la rivalidad entre el poder ejecutivo y el
legislativo, luego que se establecen. Mientras que la
pugna no sale del sendero constitucional, la asociacion
puede estar tranquila ó ligeramente conmovida; pero
hay cuestiones que se deciden por uno ú otro poder, sin
dejar la conviccion de la justicia, ó hiriendo á veces el
texto constitucional; sobre todo, en materia de garantías individuales; y he aquí el motivo poderoso para
confiar á una asamblea respetable, compuesta de los
ciudadanos mas distinguidos, versados en la jurispru-
dencia y en la práctica de los negocios públicos, la so-

lución definitiva de esas cuestiones en que solo tomará parte para decidirlas. Por tal motivo la Constitucion quiso que los tribunales de la federacion hagan las veces de senado conservador, y les dió en los artículos del 97 al 101 facultades para conocer:

I. «De las cuestiones que se susciten sobre el cumplimiento y aplicacion de las leyes federales.

II. De las que versen sobre derecho marítimo.

III. De aquellas en que la federacion fuere parte.

IV. De las que se susciten entre dos ó mas Estados.

V. De las que se susciten entre un Estado y uno ó mas vecinos de otro.

VI. De las del órden civil ó criminal que se susciten á consecuencia de los tratados celebrados con las potencias extrangeras.

VII. De los casos concernientes á los agentes diplomáticos y cónsules.»

Previno, ademas, que los tribunales de la federacion resuelvan toda controversia que se suscite:

I. "Por leyes ó actos de cualquiera autoridad que violen las garantías individuales.

II. Por leyes ó actos de la autoridad federal que vulneren ó restrinjan la soberanía de los Estados; y

III. Por leyes ó actos de las autoridades de éstos, que invadan la esfera de la autoridad federal.»

Estas interesantísimas funciones serán desempeñadas dictando una sentencia, prévios los trámites judiciales, que solo se ocupe de individuos particulares, limitándose á protegerlos y ampararlos en el caso especial sobre que verse el proceso, sin hacer ninguna declaracion general respecto de la ley ó acto que la motivare.»

De esta manera ha provisto la Constitucion el medio de que sea la justicia acatada en cada caso particular; sin que las autoridades se desprestigien, sin que haya entre ellas choques peligrosos, y sin que para corregir sus desmanes sea necesario ocurrir á violentas revoluciones.

La observancia de esta disposicion ha contribuido mucho á la estabilidad que han gozado los Estados-Unidos del Norte, y solo resta para que entre nosotros produzca iguales beneficios, aplicar rectamente la doctrina constitucional de que nos ocupamos, respetando hasta en sus ápices, las resoluciones de los encargados de administrar la justicia nacional.

————

P.—¿Cómo divide nuestra Constitucion el poder público?

R.—En tres grandes ramos que toman el nombre de poder legislativo, ejecutivo y judicial.

P.—¿Qué quiere decir poder legislativo?

R.—La reunion de los diputados ó representantes del pueblo que hacen las leyes.

P.—¿Quiénes forman el poder ejecutivo?

R.—El Presidente y sus Ministros de Estado.

P.—¿Quién elige á los Ministros?

R.—El Presidente los nombra libremente.

P.—¿Cuáles son las funciones de los Ministros de Estado?

R.—Autorizar las órdenes del Presidente, sin cuyo requisito no deben ser obedecidas.

P.—¿Qué personas forman el poder judicial de la federacion?

R.—Los jueces de Distrito, que son generalmente los de primera instancia para los negocios federales, los tribunales de circuito que son de segunda instancia, y la suprema Corte de Justicia que constituye la tercera, excepto en aquellos casos en que por disposicion de la ley conoce desde primera ó segunda instancia.

P.—¿Cuáles son las facultades mas notables de nuestro congreso?

R.—Las siguientes, que entre otras se especifican en el artículo 72.

VIII.   "Imponer las contribuciones para cubrir el presupuesto de los gastos de la federacion;

IX.   Expedir aranceles sobre el comercio extrangero, ó impedir por medio de bases generales, que en el comercio de Estado á Estado se establezcan restricciones onerosas;

XII.   Ratificar los nombramientos que haga el ejecutivo de los ministros para el extrangero, agentes diplomáticos ó cónsules, de los empleados superiores de hacienda, de los coroneles y demas oficiales superiores del ejército y armada nacional;

XIII.   Aprobar los tratados;

XIV. Declarar la guerra;

XV. Reglamentar el modo en que deban expedirse patentes de corso;

XVI. Conceder ó negar la entrada de tropas extrangeras en el territorio de la República;

XVII. Permitir la salida de tropas nacionales fuera de la República;

XVIII. Levantar y sostener el ejército y la armada de la Union;

XIX. Reglamentar la guardia nacional;

XX. Dar su consentimiento para que el Ejecutivo pueda disponer de la guardia nacional fuera de sus respectivos Estados;

XXI. Dictar leyes sobre naturalizacion, colonizacion y ciudadanía.

XXII. Dictar leyes sobre vías generales de comunicacion;

XXIII. Establecer casas de moneda;

XXIV. Fijar reglas sobre terrenos baldíos;

XXV. Conceder amnistías por delitos cuyo conocimiento pertenezca á los tribunales de la federacion;

XXVI. Conceder premios ó recompensas por servicios prestados á la pátria ó á la humanidad, y privilegios por tiempo limitado á los inventores ó perfeccionadores de alguna industria;

XXX. Expedir todas las leyes que sean necesarias para hacer efectivas las facultades concedidas á los poderes de la Union.»

P.—¿Cuáles son las facultades y obligaciones del Presidente de la República?

R.—Ademas de las que se refieren á la promulgacion y cumplimiento de las leyes, las mas notables que se detallan en el artículo 85 son las siguientes:

II. «Nombrar y remover libremente á los secretarios del despacho, remover á los agentes diplomáticos y empleados superiores de hacienda, y nombrar y remover libremente á los demas empleados de la Union, cuyo nombramiento ó remocion no estén determinados de otro modo en la Constitucion ó en las leyes;

III. Nombrar los ministros, agentes diplomáticos y cónsules generales con aprobacion del congreso;

IV. Nombrar con aprobacion del Congreso los coroneles y demas oficiales superiores del ejército y armada nacional, y los empleados superiores de hacienda.

VI. Disponer de la fuerza armada permanente de mar y tierra para la seguridad interior y defensa exterior de la federacion;

X. Dirigir las negociaciones diplomáticas;

XI. Recibir ministros y otros enviados de las potencias extrangeras;

XIII. Facilitar al poder judicial los auxilios que necesite para el ejercicio expedito de sus funciones;

XIV. Habilitar toda clase de puertos, establecer aduanas marítimas y fronterizas, y designar su ubicacion;

XV. Conceder conforme á las leyes, indultos á los

reos sentenciados por delitos de la competencia de los tribunales federales.»

———

SECCION III.

DE LOS ESTADOS DE LA FEDERACION.

Se habrá notado ya que el poder federal se halla concentrado casi todo en el Congreso de la Union. Como era consiguiente, los demas cuerpos nacionales, debian ser llamados á guardar el depósito de la Constitucion, y lo han sido en efecto, los unos para impedir que se altere ó modifique inconsideradamente, los otros para que la aplicacion del poder sea templada conforme á las leyes: hablamos de las Legislaturas de los Estados, sin cuya concurrencia no puede reformarse la Constitucion, y de los tribunales federales de cuyas atribuciones nos hemos ocupado en la seccion precedente. Por lo que hace al Presidente de la República, sus funciones de mero ejecutor de las leyes, son bien limitadas, á tal punto, que saliendo de esta esfera, solo es invitado á dar su parecer sobre los proyectos de ley, y si estos tienen á su favor la simple mayoría de votos de los individuos presentes en el Congreso, deberá el ejecutivo hacer cumplir sin demora el acuerdo de los diputados, aunque se haya expedido contra su dictámen.

Hacemos esta observacion, para que cese la costumbre de exigir y esperar todo del Presidente, á quien se le cree siempre responsable de cuanto sucede, aunque en muchos casos es el que menos puede dirigir los acontecimientos.

Otra garantía que la misma índole del sistema federativo presenta como natural, para impedir que los poderes de la Union traslimiten sus facultades, es la declaracion contenida en el artículo 117 de la Constitucion, por el cual, las que no están expresamente concedidas á los funcionarios federales, se entienden reservadas á los Estados.

Estos por su parte podrian comprometer gravemente la paz pública, si levantasen fuerzas permanentes, pretendiendo hacer por sí la guerra á otra nacion, ó á los Estados comarcanos; ó si tuviesen facultades para hacer tratados. Justamente les están vedadas esta y otras facultades que se detallan en los artículos 111 y 112, para que les sirva de advertencia, que deben dejar ese aparato fastuoso de naciones independientes que suelen tomar, y que solo sirve para gravar inconsideradamente á sus pacíficos y laboriosos habitantes.

Adquirida por los Estados la libre potestad de proveer á su régimen interior, tiene que establecerse entre ellos la misma limitacion que entre los individuos respecto de sus facultades naturales, á saber, la de no dañar á los otros. Todavia debe guardarse esta regla de justicia eterna de un modo mas elevado y estricto, entre las va-

rias entidades políticas que componen las asociaciones
federativas, porque en verdad, el gran principio que
deben sostener sus autoridades es el del órden, y este
se halla tan fuera del alcance de las ruines pasiones,
que suele excitar el interés individual, que solo una
completa subvercion en las ideas, podria dar lugar á
que los funcionarios de un Estado no se retrajesen de
dictar disposiciones claramente perjudiciales á los demas... Sin embargo, como este caso puede presentarse,
el Congreso ocurrirá por medio de bases generales á
impedir este mal, y los jueces de distrito amparando á
los ciudadanos que estén á punto de sufrir el perjuicio y
que lo reclamen, contribuirán al mantenimiento de la
federacion bien entendida, la cual para ser en lo posible perfecta, exige como base esencial la unidad de la
justicia y del derecho,

————

P.—¿Cuál es la forma de gobierno que deben establecer
los Estados para su régimen interior?

R.—El republicano, representativo popular.

P.—¿Qué quiere decir gobierno republicano?

R.—El gobierno del pueblo, es decir, el de la mayoría
de los ciudadanos.

P.—¿Qué quiere decir gobierno representativo?

R.—Que aunque gobierne el pueblo, no lo ha de verifi-
car directamente por sí mismo, sino por medio de representantes que elija.

P.—¿Y por qué se añade que ha de ser popular?

R.—Porque no ha de haber representantes de clases determinadas.

P.—¿Cuáles son las mas estrictas obligaciones de los Gobernadores de los Estados?

R.—La de publicar y hacer cumplir las leyes de la Union, y la de proteger y acatar los fallos de los jueces federales.

P.—¿Y qué deben hacer con los criminales de otros Estados?

R.—Entregarlos inmediatamente á la autoridad que los reclame.

SECCION IV.

DE LAS LEYES DE REFORMA.

Tiempo era ya de que esta tierra mancillada tan largamente con la mas grosera superstición, viera crecer la planta viva de la religion de nuestros padres, sin el atavío pagano de las riquezas del templo, y de los sacerdotes, y sin que para adoptar y seguir su creencia se emplease otra fuerza que la del convencimiento.

No hay que disimularlo; la religion del Crucificado se implantó en Méjico acompañándose la espada de Cortés con el incensario del inquisidor: la libertad política de los aztecas y de los criollos, así como su libertad religiosa, se consumieron en una misma hoguera, en la que encendió Zumárraga con los archivos de Tenoxtitlan; natural era que naciesen juntas. Así ha sucedido.

La libertad, el derecho y la justicia vienen á ser la razon en diferentes aplicaciones; y el dia en que los sacerdotes la proscribieron en el nuevo mundo como la habian proscrito en el antiguo, para que nunca se ocupase de las dos cosas que mas importan al hombre, que son sus relaciones con Dios y con las autoridades, debió gemir la humanidad aun mas dolorosamente que con los sacrificios de Huitxilopóxtli, porque eran dos pueblos los que se sacrificaban: el indígena, tronco rudo, pero lleno de sávia en que venia á ingertarse la civilizacion, á la rapacidad de los españoles; y las subsiguientes generaciones, á la intolerancia religiosa, que logró encadenar el espíritu de los mejicanos por tres centurias.

No es nuestro objeto increpar al catolicismo por la degradacion y envilecimiento de los indígenas, tan valientes como desgraciados, cuyos restos sobrevivieron á la conquista, solo para ser inicuamente explotados por los sacerdotes con los llamados derechos de estola; no queremos tampoco enumerar las gravísimas responsabilidades del alto clero, por la pésima direccion moral de nuestro pueblo durante la dominacion española, y despues por su obstinada y loca resistencia á nuestra independencia y libertad. Nos basta consignar aquí el hecho de haberlo tenido el pueblo constantemente por enemigo voluntario, para poder hacer esta pregunta; ¿qué menos han podido pretender los demócratas el dia de su triunfo, que apartar á los sacerdotes de la política, fundando para siempre el divorcio de la religion, cualquiera que sea, respecto del Estado?

Para nosotros, que hemos presenciado las iniquidades del alto clero, no son necesarias muchas citas históricas, para que nos convenzan de la funesta influencia que ha ejercido en los negocios públicos, y de la urgente necesidad que existe, para que se depure la religion en las personas de sus ministros, y sean como deben ser, obreros de caridad evangélica, á fin de que el sentimiento profundo, ferviente y elevado con que el sencillo pueblo busca al Dios de los cristianos, deje para siempre de ser contaminado con los odios políticos, y con las ambiciones de muchos de sus directores espirituales.

Queremos que sea una verdad rigurosa la sentencia de Jesucristo que dijo para los sacerdotes: «Mi reino no es de este mundo (1), y para todos los cristianos, «Dad al César lo que es del César, y á Dios lo que es de Dios» (2).

Las leyes de reforma dictadas en Veracruz por el gobierno constitucional, no entrañan otro principio que el de la soberanía de este gran César que se llama nación, con sus naturales consecuencias.

Abordemos una gran cuestion que por muchos siglos han dado por resuelta los enemigos de la libertad de los pueblos, sin prestarse siquiera á discutirla, y sin que ellos mismos fijasen mucho la atencion en el absurdo que sostienen. Han dicho: «la iglesia es una sociedad

(1) San Juan, capítulo XVIII, verso 36. Respondit Jesus; Regnum meum non est de hoc mundo, si ex hoc mundo esset regnum meum, ministri mei utique decertarent ut non traderer judeis, nunc autem regnum meum non est hinc.—Respondió Jesus: Mi reino no es de este mundo: si de este mundo fuera mi reino, mis ministros sin duda pelearian, para que yo no fuera entregado á los judíos: mas ahora mi reino no es de aquí. El P. Soto al traducir este pasaje pone esta nota con el núm. 4. Mi reino no es temporal, no es reino que debe causar recelos, ni sobresaltos á los otros reyes: ¿y así qué tienen qué temer?

(2) San Mateo, cáp. 22, verso 21. Réddite quæ sunt Cæsaris Cæsari, et quæ sunt Dei Deo.—Pagad al César lo que es del César, y á Dios lo que es de Dios.

soberana y por lo mismo independiente; tiene sus leyes propias que no necesitan ni del exámen de la autoridad civil; y como se extiende por todo el mundo, es realmente la soberana única entre los hombres, de la cual sacan por vía de condescendencia las naciones el poder para gobernarse.» En contraposicion de esta doctrina, la escuela democrática sostiene lo siguiente. «Todo pueblo tiene un derecho indisputable, reconocido por el mismo Dios, para proveer á su felicidad del modo que la entienda; si alguno es soberano sobre la tierra es el pueblo; las religiones se han establecido para coadyuvar á la civilizacion; la religion cristiana vino despues de muchos siglos; y su fundador enseñó repetidas veces el respeto á las autoridades civiles; los primeros apóstoles se sujetaron á ellas, sin que les ocurriese siquiera la idea de que eran independientes y soberanos; S. Pablo, que fué el mas entendido propagador, y muchas veces el intérprete de la doctrina del Salvador, enseñó que deben sujetarse todos los cristianos á las autoridades sin rebelarse, porque segun escribió el mismo apóstol, no en vano tiene el príncipe la espada (1).»

Estos antecedentes, que pudieran multiplicarse fácilmente, nos convencen de que la soberanía de la iglesia que se llama católica no es de este mundo; de que la religion que engendra odios y disturbios, no es la del Crucificado; y en fin, de que un pueblo que muestra al

_____

(1) Epístola de San Pablo á los romanos, cap. XIII.

mundo sus cadenas sangrientas de trescientos años, forjadas por la superstición, y las heridas que ha recibido en medio siglo de luchar contra el fanatismo, puede y debe acordarse de que no en vano lleva su espada victoriosa, dejando á un lado y para siempre las sutilezas metafísicas y los argumentos canónicos, para obligar á los sacerdotes á que sean buenos ciudadanos, proveyendo en todos los asuntos de interés público á su adelantamiento y perfección, sin esperar el beneplácito de nadie.

Ocioso parecerá tal vez, que nos ocupemos ahora del juramento de la Constitución, cuando ya nadie está obligado á prestarlo. Diremos sin embargo, por la grande inportancia que en sí misma tiene esta materia, que el alto clero declaró que no era lícito el jurarla, mientras que la ley ordenaba que se cumpliese con este requisito por todos los funcionarios públicos. De tal contradiccion de deberes sacó la discordia civil sus armas, y la sangre de los mejicanos corrió á torrentes, sin que se conmoviesen las entrañas de los malos sacerdotes. Los obispos intentaron cambiarnos el decálogo, inventando un pecado que antes no se conocia. Desde la ley de Moisés se sabia, que en materia de juramentos, el precepto era no tomar el nombre de Dios en vano (1); esta tradicion se alteró en México, año de

---

(1) Exodo, cap. XX, verso 7. Non assumes nomem Domini Dei tui en vanum, nec enim habebit insontem Dominus eüm qui assumpserit nomen Domini Dei sui frustra. No tomarás el nombre

1857 del Señor, y se hizo una obligacion de perjurar, llamándole retractacion, siendo así que para los casos en que se habia jurado hacer algun mal, suponiendo sin conceder nunca, que jurar el cumplimiento de las leyes mereciese tal calificacion, estaba admitida la doctrina enseñada por el Ripalda, y generalizada en nuestro pueblo por todos los curas, de que debia uno dolerse de haberlo jurado y no cumplirlo. El pecado nuevamente inventado consistia en el hecho de no retractarse.

Dejaremos entregados á sus remordimientos á los que hicieron de la religion el mas pesado yugo para el pueblo, advirtiendo solamente, que el jurar ó no jurar la Constitucion y las leyes, es asunto indiferente para las autoridades civiles, segun lo ha declarado una ley de las últimas expedidas en Veracruz, y que para quitar este pretexto con que han alarmado á las familias y conmovido la sociedad algunos malos sacerdotes, no se exijirá ya otra cosa en los diferentes asuntos que antes requerian juramento, sino la protesta de decir verdad, ó en su caso, de cumplir las obligaciones que voluntariamente se aceptan, ó que las leyes nos imponen.

Otra de las innovaciones importantes que dicha ley contiene, es la supresion del culto fuera de los templos, ó del hogar doméstico, siempre que á juicio de la autoridad pueda alterarse el órden. La experiencia ha pro-

---

del Señor tu Dios en vano; porque el Señor no tendrá por inocente al que tomare el nombre del Señor su Dios en vano.—*Traduccion del P. Scio.*

bado en todas las naciones, que una vez establecida la tolerancia religiosa, no puede haber paz entre diferentes sectarios, si ejercitan las ceremonias de su culto en las calles, porque unos á otros se exijen respetos que no están dispuestos á guardarse, y con motivo de la piedad se causan las mas violentas conmociones; y siendo así que todas las creencias religiosas tienen por base y por objeto el amor del prójimo, con la exposicion de las ceremonias del culto fuera de los templos se obtiene el efecto contrario.

Las leyes de reforma contienen en sustancia:

La supresion de los llamados fueros eclesiástico y militar;

La desamortizacion de la inmensa propiedad raíz que habian acumulado las corporaciones;

La nacionalizacion de todos los bienes del clero;

El establecimiento del matrimonio civil, como único legítimo, á efecto de que surta derechos civiles;

El establecimiento del registro civil para hacer constar el estado de las personas;

Medidas de policía y órden para que las inhumaciones no dependan del capricho de los malos sacerdotes;

Separacion de los negocios de la iglesia y los del Estado, que se deriva rectamente de los principios constitucionales, para que la tolerancia religiosa comience á ser una verdad práctica, y los magistrados nada tengan que ver en la conciencia del individuo, que por lo mismo queda absolutamente libre ante la ley, la cual no hará en lo sucesivo acepcion alguna de personas por motivos de religion.

Finalmente, la supresion de eclesiásticos regulares, y la exclaustracion de monjas, han sido una reacción natural de los intereses públicos en contra de los cuales se establecieron los conventos, cuyo principio fundamental era el olvido de casi todos los deberes hácia el prójimo, y cuya ley era un egoísmo tan refinado, que apenas alcanzaban á ver los conventuales otros adelantos que los de su pequeña reunion, aislada del resto de la humanidad, como una isla en medio del Océano.

La supresion indicada ha sido consecuencia lógica del principio reformador á que nos referimos, así como la devolucion del dote á las monjas, y de la facultad de testar de que estaban privadas las profesas. Como un medio de mitigar la inevitable severidad de la ley de exclaustracion, respecto de los eclesiásticos regulares, se previno fuesen auxiliados por el tesoro público, los que mostrasen obediencia á dicha ley, y que el auxilio fuese de mucha mayor consideracion, para los que por enfermedades ó avanzada edad estuviesen impedidos para el ejercicio de su ministerio.

Creemos por lo expuesto que la Constitucion de 1857 tan combatida, y las leyes de Reforma que han venido á perfeccionarla, serán un monumento eterno de las miras altamente justificadas del partido liberal, á quien nadie podrá quitarle la gloria de haber establecido la libertad para todo hombre, conquistando con su sangre sólidas garantías, de que pueden aprovecharse hasta sus enemigos, siempre que se resignen á vivir como ciudadanos pacíficos entre sus hermanos, deponiendo para siempre el torpe empeño de dominarlos.

Libertad, Igualdad, Fraternidad, para todos los que quieran vivir en nuestro suelo, de hoy para siempre quedan bajo la egida de la gran Justicia nacional.

———

P.—¿Qué es religion?

R.—La creencia que cada uno tiene respecto de la divinidad, y del modo con que debe honrarse y venerarse.

P.—¿Cuáles son las obligaciones civiles que se nos imponen en materia de religion?

R.—Todas se reducen á respetar la de los demas hombres.

P.—¿Segun eso pueden establecerse entre nosotros toda clase de cultos, aun los mas supersticiosos y repugnantes, y todos deben ser respetados?

R.—De ningun modo; porque están prohibidos en la Constitucion los que son inmorales.

P.—Demostradlo.

R.—El culto proviene siempre de cierto sistema de ideas religiosas; y como toda manifestacion de ideas que ataque la moral, los derechos de tercero, ó que perturbe el órden público, está conforme al artículo sexto de nuestro código fundamental sometida á la sobrevigilancia de las autoridades judiciales y administrativas, y á la represion de las leyes; resulta claramente que los cultos ó religiones que entrañan algun principio de inmoralidad ó desórden, no podrán establecerse en Méjico.

P.—¿Qué se entiende por moral pública?

R.—El arreglo de las costumbres, conforme á lo que nos inspira la recta razon.

P.—¿Pues no son mudables las costumbres?

R.—Son mudables las costumbres que se refieren á cosas indiferentes; pero no cambian las que se fundan en los eternos principios de lo justo y de lo bueno.

P.—¿Qué quiere decir progreso nacional?

R.—La aplicacion de la fuerza moral y física de un pueblo, á fin de que logren todos sus individuos una mas cómoda subsistencia, desarrollando los elementos de su riqueza, y haciendo que cada uno sienta el bienestar proporcionado á su inteligencia y laboriosidad.

P.—¿Cuál es el modo de llegar á este progreso?

R.—Dejando á la libertad de cada hombre la mayor amplitud, y estableciendo en todas las relaciones sociales estricta justicia.

P.—¿Por qué no mencionais la caridad como medio de perfeccion social?

R.—Porque la caridad como ley de amor entre los hombres, no es un deber especial ni un medio aislado de progreso, es el término de todos los deberes y de todos los perfeccionamientos sociales; y el dia que la vea el mundo practicada con la generalidad que manda el Evangelio, no serán necesarios sistemas políticos ni religiosos, porque se habrá cumplido ya el designio de la Providencia sobre la tierra.

CONCLUSION.

La ley dada al género humano por el Criador, aun antes de que tronara su voz en el monte Sinaí, fué de armonía con todo el universo, de órden para todos los derechos, de libertad para todas las aspiraciones de la humanidad, en una sola palabra, de amor; la que comunicó en el Decálogo, y la que ha revelado el Cristo es la misma, y se halla concretada en el principio social y político que dice: «*Lo que no quieras para tí, no quieras para otro, y haz á los otros lo que quisieras que hiciesen contigo.*»

Todo el atractivo que rodea al infante, y la misteriosa ternura con que lo cubren y defienden sus padres, son los medios que preparan la primera aplicacion de esa eterna ley de los seres racionales, que podemos considerar terminada con la lactancia. Epoca es esa en que se ejercita la mas sublime abnegacion, ennobleciendo y elevando al hombre, porque confunde el sacrificio del individuo con el bienestar de un ser desvalido, que debe el principio de la vida al amor, y la continuacion de ella al mismo sentimiento.

La segunda aplicacion de la ley de que hablamos es la enseñanza. Tesoros de saber y de experiencia, recogidos con mil dolores y afanes repetidos, herencia de mil generaciones que arrancaron algunas hojas al árbol del bien y del mal, vias preparadas, proyectos realizados, concepciones laboriosamente formadas, todo está á disposicion del niño; desde el silabario que acaba de desatar su lengua, hasta el telégrafo que envia su pensamiento á todas las distancias con la velocidad del relámpago; desde el sencillo péndulo hasta el movimento impulsado por el vapor; todo está dispuesto para su aprendizaje, y el maestro, que es la sociedad, está esperándole. Que entre al templo de la sabiduría, y que elija sin el peligro del primer hombre, porque el fruto del árbol vedado ha perdido ya su calidad de perjudicial.

La tercera aplicacion de la ley del amor, es el sacrificio por el deber, y tiene su pleno desarrollo en el adulto. El es quien defiende la pátria, dá y sostiene la ley, representa el poder protector de la sociedad; y por esto en su presencia nadie ultraja á la mujer, ni á ningun desvalido; la injusticia le ruboriza, la violencia le exalta, y ¡extraño contraste que parece contra decir la ley de amor! dará su sangre y derramará la de otros en defensa de lo bueno, de lo recto, de lo justo.

Enseñémosle por tanto, lo bueno, lo recto y verdadero, y sobre todo lo justo, para que cuando llegue la hora de esos supremos sacrificios, en que se ofrece en holocausto la propia existencia, y aun la felicidad de la familia, sea con la segura confianza de que es en defensa de la causa de la humanidad.

¡Oh Pueblo! pueden abusar los malvados de tu credulidad, pueden extraviarte hasta hacerte pelear por lo malo, pueden tornar tus instintos generosos impulsándote á cometer la injusticia; pero tus constantes anhelos son hácia el bien, y crees seguir la ley eterna de la armonía en los momentos en que te descarrías. Desengáñate una vez para siempre, nada es bueno con daño de otro; solo es justo el dar á cada uno lo suyo. Pelea por estos sagrados objetos siempre: pues que lo necesitas mucho, porque tú eres quien ha salido dañado en el actual estado social. Cuida sin embargo de no confundir tu pasion con tu derecho, la propension á la holgazanería con el santo amor de la libertad, y el deseo de invadir lo ageno con la debida reparacion de injusticias sufridas.

ABSTENERSE, RESISTIR, son dos palabras que compendian todo un sistema de bien obrar, segun el cual parece que algunos varones ilustres alcanzaron un cierto grado de perfeccion, haciéndose superiores á muchas debilidades que aquejan al comun de los hombres. Este sistema, que se halla enteramente de acuerdo con el cristianismo, es la parte moral de la religion que viene á decirle á cada hombre en particular:

Abstente de lo que conoces que es malo:

Abstente de lo que moralmente es peligroso:

Abstente de sobreexcitar tus pasiones hasta un grado en que no puedas dirigirlas, ya por el juego, que exalta tu orgullo, por el vino que turba y embota tu inteligencia, por los goces exagerados que te enervan, por la ambicion que te extravía, por la avaricia que mata los buenos sentimientos, y en fin, por cualquiera especie de entusiasmo que te quite el dominio sobre tí mismo.

El medio de llegar á esta perfeccion, es practicar la virtud gradual y constantemente.

Resiste al dolor, dicen á cada hombre la filosofía y la religion unidas, y no cedas como una chiquilla:

Resiste al miedo:

Resiste la esperanza que seduce cuando va al mal:

Resiste lo que halaga y lo que atormenta; goza de lo que es lícito con moderacion, y no entregues tu alma al placer ni á la zozobra; la vida es una lucha con la naturaleza, y es necesario salir airoso del combate, en el cual triunfa siempre una voluntad firme.

Si hallas hermosa la mujer agena, *abstente*, no imites el mal ejemplo de David; si te falta la compañera de tu leche, *resiste*, no cedas al ímpetu de una venganza estéril en un ser débil, abandónala.

Si el tirano de tu pátria te amenaza con crueles tormentos por no seguir su ley, *resiste*, que te vea sonreir; así lo practicaban los primeros, los verdaderos cristianos, cuando marchaban al martirio.

Y si te sorprende desechá tempestad en mar desconocido, *resiste*, sin desesperar nunca; la vida es de Dios, y debemos hallarnos prontos á devolver este depósito, cualquiera que sea el lugar en que nos lo pida; la muerte es el paso necesario á otra vida mejor.

En todas ocasiones el mundo ha visto con admiracion al cristiano filósofo, dispuesto á permanecer impávido en medio de las ruinas del universo.

Abstenerse de lo vedado, aunque se presente bajo las mas seductoras apariencias; resistir lo malo despreciando las amenazas mas terribles; ser dueños de nosotros mismos, en medio del placer y del dolor, uniendo á estos preceptos el amor del prójimo, y el mas profundo respeto á la Divinidad; he aquí el grado de perfeccion á que pueden conducirnos la sana filosofía y la verdadera religion.

RETURN CIRCULATION DEPARTMENT
TO ➡ 202 Main Library

LOAN PERIOD 1 HOME USE	2	3
4	5	6

ALL BOOKS MAY BE RECALLED AFTER 7 DAYS

Renewals and Recharges may be made 4 days prior to the due date.

Books may be Renewed by calling 642-3405.

DUE AS STAMPED BELOW

SENT ON ILL		
NOV 21 1995		
U. C. BERKELEY		
AUG 05 2000		
SENT ON ILL		
MAR 0 1 2005		
U.C. BERKELEY		

FORM NO. DD6

UNIVERSITY OF CALIFORNIA, BERKELEY
BERKELEY, CA 94720

Lightning Source UK Ltd.
Milton Keynes UK
UKHW022318211118
332685UK00005B/266/P